452
D.L.

Ye   9321

LE RENDEZ-VOUS DU *PARC*,

POËME HEROTIQUE

EN IV. CHANTS.

M. DCC. LXXXI.

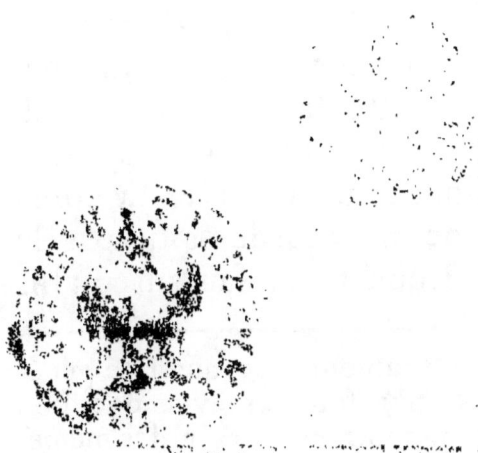

LES RENDEZ-VOUS DU PARC,

Poëme Erotique en 4 Chants.

CHANT PREMIER.

Astre divin, qu'on adore à Lima! je me prosterne humblement devant toi, & te prie d'écouter les vœux du plus tendre & du plus fidele Amant. Jadis Josué, plein d'une sainte ardeur, te conjura de prolonger ta brillante lumiere pour éclairer un massacre utile : malgré ta répugnance invincible pour la destruction, tu daignas pourtant lui faire cette faveur insigne. Eh bien! lorsqu'avec des vues très-opposées je te supplie aujourd'hui d'arrêter ta course (1) rapide! ne m'accorderas-tu pas la même grace? puisque tu te fais un plaisir

---

(1) Je respecte infiniment une autorité généralement reçue, & m'y soumets avec docilité; cependant j'ai cru pouvoir me servir des mêmes expressions que les Livres saints, sans craindre de reproches.

A

de tout féconder, quand mes defirs font fi conformes aux tiens, te refuferois-tu à leur fatisfaction? fi par un principe immuable tu dois éclairer les deux hémifpheres, fi tu crains de manquer à cette loi inviolable, paffe rapidement fur la tête des Amphifciens cornus (1), afin de hâter ton retour fur les nôtres? mais c'eft envain que je lui adreffe la parole, il ne m'entend plus; déja il a quitté notre hémifphere, & pour nous avare de fes faveurs, il va les prodiguer aux Hétérofciens auftréaux (2).

Envain pour nous en dédommager l'Automne nous offre des fruits, & l'hiver nous promet des plaifirs : on ne peut fe procurer les uns & les autres fans le don de Plutus, & comme ce Dieu eft aveugle dans

---

(1) Peuples qui habitent entre les deux Tropiques, & qu'on nomme ainfi, parce qu'ils ont l'ombre tournée, tantôt vers un pole & tantôt vers l'autre; & comme on appelle égallement Amphifciens, les Peuples des deux Tropiques, je me fuis fervis de Cornus pour défigner ceux qui habitent le Tropique du capricorne que le Soleil va éclairer.

(2) Les Peuples qui habitent depuis le Tropiques jufqu'aux cercles polaires, s'appellent Hétérofciens, parce qu'ils ont à Midi l'ombre tournée toujours vers un même côté, confequemment je peux appeller Hétérofciens auftréaux, ceux qui habitent depuis le Tropique du Capricorne, jufqu'au cercle Polaire, Antartique ou Auftral.

sa tendresse, il comble sans mesure le petit nombre qu'il aime aux dépens du grand qu'il oublie.

Envain l'insensible Pomone (1) ramene les douces productions du fils de Sémelée, envain des libations délectables distillent l'oubli des maux, si leurs charmes assoupissans ôtent l'idée de la douleur, ils privent des sentimens délicieux, & toute ivresse léthargique ne peut produire qu'un reveil stupide. Une jouissance n'est point agréable lorsqu'elle amene la satiété, & de même qu'au desir qui rend heureux, doit succéder le desir, il faut que le plaisir, pour être vivement senti, rappelle au plaisir.

Que les enfans de Bellone, fatigués de ses travaux, se réjouissent au retour de la saison qui vient les suspendre, je n'en suis point surpris ! le Dieu qui doit me couronner au printemps, n'a des charmes pour eux qu'au moment où la rigeur de la saison les force à quitter les champs de Mars & les rappelle dans les villes où ils s'aban-

────────

(1) Pour éviter les Dieux de la campagne qui la recherchoient en mariage, elle leur avoit défendu tout accès près d'elle & s'étoit enfermée dans un jardin où elle vivoit seule. Vertume, le Dieu qui préside aux saisons, après avoir tanté inutilement toutes sortes de stratagème, se déguisa en vieille, & sous cette figure gagna tellement la confiance de Pomone, qu'il la fit consentir à l'épouser.

donnent aux ris & aux jeux, tandis qu'ils m'ennuient, parce qu'ils retardent le terme qui doit commencer mon bonheur; semblable au tourtereau, je gémirai dans l'horreur des ténebres, & comme lui, je languirai dans une tendre impatience jusqu'au moment où je verrai Phœbus entrer au signe du Bellier. Que cette saison est agréable pour les cœurs sensibles! pour moi je préfere les dons de Flore (1) & les bienfaits de Cérès à ceux de Pomone. Les uns flattent agréablement la vue, les autres réjouissent l'Agreste avide qui se voit amplement dédommagé de ses pénibles travaux : enfin, elles ont l'une & l'autre des charmes que les richesses de l'automne ne peuvent payer, & tandis que tout l'hiver n'est qu'un crépuscule (2) affreux ; tous les

(1) Flore, Cérès, le fils de Sémelée & Plutus, étoient des Divinités du Paganisme qui présidoient, Flore aux fleurs, Cérès aux Moissons, le fils de Sémelée ou Bacchus, aux raisins, & Plutus aux richesses. Celui-ci est un des Dieux infernaux, parce que les richesses se tirent du sein de la terre. Lucien dit, que Plutus dans sa jeunesse, ne voulant aller qu'avec les gens de biens, Jupiter l'aveugla, & que depuis ce temps-là, il ne va qu'avec les méchans, qui sont en si grand nombre, qu'il ne rencontre qu'eux, parce qu'étant aveugle, il ne peut distinguer un homme de bien, qui est une chose si rare. Voyez le grand Vocabulaire François concernant ces Dieux.

(2) On entend assez généralement par crépus-

jours du printems & de l'été font précédés d'aurores rafraîchissantes ; c'est alors que la nature, en reprenant une nouvelle vigueur, donne aussi un nouvel être à tout ce qui le lui doit, & fait sentir bien délicieusement à chaque individu le bonheur d'exister. Cette saison non-seulement est agréable aux personnes qui peuvent jouir de ses douceurs, mais encore fait l'espoir de celles qui sont valétudinaires; elles attendent son retour comme le terme heureux qui doit les rendre à la santé ; la salubrité de l'air qu'elle répand est, pour l'infirmité, un baume qui la soulage; il n'est pas jusqu'à la caducité qui ne s'en trouve moins pesante : enfin, sa gaieté en inspire à tous les êtres, tout la fait désirer, & l'espoir de la voir renaître, m'engage à supporter avec moins d'impatience, le désagrément de la voir passée. Ce qui ne contribue pas peu à me rendre sa privation plus amere, c'est le plaisir qu'elle me procuroit, & dont la jouissance, quoique souvent idéale, avoit pour moi tant d'attraits, que ce n'est pas sans une peine extrême que je m'en vois sevré en-

---

cules le matin comme le soir, cependant Nicole de la Croix les distingue, & dit que l'aurore est le jour que l'on a l'espace de 18 degrés que le soleil parcoure avant de paroître sur l'horison, & le crépuscule le jour que l'on a encore le même espace de temps, que le soleil parcoure après être disparu sous l'horison.

core pour deux saisons, c'est-à-dire, jusqu'à ce que l'astre (1) aux cheveux blonds, pour fertiliser les campagnes Européennes, viennent les dorer & ramener les instans précieux que je desire ardemment.

Sur le déclin d'un beau jour, la Déesse Tutélaire d'Antium (2), lassée à la fin des rigueurs qu'elle me faisoit éprouver, voulu m'en dédommager d'une maniere bien flat-

―――――――――――――――――――

(1) Le soleil, que les Poëtes appellent indifféremment Apollon, Phœbus, ou l'astre aux cheveux blonds.

(2) La Fortune, que les anciens disent être fille de Jupiter, & présider à tous les événemens; & qui, en Déesse bisarre, aveugle & fantasque, rend heureux ou malheureux, selon son caprice. On lui supposoit une vertu capable de balancer le destin, & de changer, à son gré, la face de l'univers. Je suis surpris qu'on ne l'ait pas marié à Plutus. On l'honora comme favorable ou contraire, bonne ou mauvaise, toujours volage, & se faisant un jeu cruel de séduire les hommes par de trompeuses apparences. Les Poëtes dans leurs invocations, lui parloient ainsi : Conservatrice des Empires ! fille de Jupiter ! protectrice de la liberté ! Fortune ! j'implore votre secours : c'est vous qui, sur la mer, dirigez la course rapide des vaisseaux ; qui sur la terre présidez aux sanglans combats & aux délibérations des peuples assemblés. Les espérances, qui s'élevent & s'abaissent à votre gré, telles que les flots, roulent perpétuellement, & promenent les hommes de chimeres en chimeres. Elle étoit plus particuliérement honorée à Antium, Ville assez près de Rome sur le bord de la mer. Voyez le Vocabulaire François.

teufe, en offrant à mes yeux enchantés, une des plus belles naiades des Pays-Bas, dans un de ces momens où le cœur tendrement difpofé, reçoit plus facilement les douces impreffions de l'amour. Non, l'aimant n'attire pas plus promptement l'acier que Léda. (C'eft ainfi que s'appelle cette naïade,) n'attira mon cœur; un coup d'œil lui foumi toute mon exiftance, & m'abandonnant, fans réferve, à ce penchant flatteur, je fus vaincu fans retour. Eh qui ne l'eut pas été ! l'indifférence, près d'elle, fe diffout ainfi que les glaces expofées aux ardeurs du midi ; ni les douces perles de l'orient, ni le corail (1) vermeil qu'on pêche dans la mer adriatique, ni aucunes des plus belles productions de la terre ; rien, non, rien ne peut lui être comparée. En-

---

(1) On avoit toujours cru que le corail étoit un arbriffeau de mer, mais les découvertes de M. de Peyffonel, correfpondant de l'Académie des Sciences, ont prouvé que le corail appartenoit au regne animal, & qu'il étoit une véritable production d'infectes, de même que les madrepores, les titophites, les éponges. &c. Le corail n'a point de racines, on le trouve collé fortement fur la furface de différens corps. On en a vu fur des os de baleine, fur des crânes, fur des bouteilles, communément fur les avances des rochers dans les antres de la mer, & toujours la tête en Bas. Voyez l'Encyclopédie au mot corail.

vain les Rubens ou les Apele effayeroient de la peindre, jamais ils ne la deffineront auffi bien qu'elle exifte ; non jamais ils ne la rendront auffi bien qu'elle eft dans mon cœur. S'il eft des graces qui ne peuvent s'exprimer fur la toile ; ce font celles dont Léda eft paîtrie ; elle en a dans fa taille avantageufe, elle en a dans fa démarche noble & cependant légere ; fon maintien aifé eft celui de la décence ; fon air gracieux enchante ; la douceur de fon regard annonce la beauté de fon ame ; ainfi que fes manieres font engageantes, fa politeffe n'eft point froide. Si elle eft prévenante fans hardieffe, & libre fans imprudence, elle eft timide fans ftupidité, & ingénue fans indifcrétion ; elle a de l'efprit fans prétention ; enfin, c'eft un de ces chefs-d'œuvres que la nature, inconcevable dans fes productions, ne crée qu'une fois par fiecle : en effet, Léda fait l'admiration du fien, & jamais les Minerve ni les Vénus de la Grece, n'eurent fes graces, fes talens & fes vertus : celle-ci n'a que trois graces à fa fuite, mais Léda en a plus de cinquante. (1) On ne s'étonnera plus fi j'ai cédé

---

(1) Il y a trois graces qui font Eglée, Thalie, & Euphrofyne ; quelques-uns, dit l'Abbé Maffier, ont cru qu'elles étoient le fruit d'un mariage légitime, d'autres prétendent, avec plus de raifon, que de fi belles filles durent le jour,

avec tant de facilité au penchant qui me portoit vers un objet si charmant & si digne d'un sincere attachement : le mien est d'une nature à ne finir qu'avec ma vie : s'unir à Léda, c'est s'unir à la vertu, & la vertu est toujours aimable. Je m'enivrai du plaisir de la voir ; satisfait de sa beauté, je l'abordai d'un pas mal-assuré ; car ma timidité, trahissant mon secret, lui apprit que je l'adorois avant que je pusse le lui dire. Mes yeux seuls avoient conservés assez de vivacité pour lui peindre celle des nouveaux sentimens qu'elle m'inspiroit, mais ce langage ne suffit pas au cœur bien épris, & craignant, en effet, qu'elle ne le trouva pas assez expressif, je lui dis tout ce que mon amour naissant put me suggérer de plus tendre. Mon ardeur étoit réelle, & elle me donnoit un air de vérité qui persuada Léda ; elle devint sensible à son tour, & je remarquai bientôt dans toute sa personne ce tendre embarras que donne la premiere atteinte de l'amour, & qui précede assez ordinairement l'aveu qui confirme le bonheur d'un amant. Cependant je

---

non au devoir, mais à l'amour seul. L'Amusée, dans son Poëme des amours de Héro & de Léandre, & Nonus, dans celui qu'il fit en l'honneur de Bacchus, disent qu'il y a plus de cent graces, ainsi j'en peux bien mettre cinquante à la suite de Léda.

n'eus pas la satisfaction de l'entendre, on le remit pour un jour plus heureux, & le moment fut pris pour le lendemain au Parc, lorsque Phœbus disparoissant pour nous, iroit éclairer les découvertes de Christophe Colomb [1].

C'est dans ce séjour enchanté que je fis le premier pas vers le bonheur; c'est-là où de toutes les femmes, la plus aimable ainsi que la plus aimée, me rendit l'amant le plus fortuné, en m'apprenant que le même

---

(1) L'Amérique a reçu son nom d'Améric Vespuze Florentin qui, s'étant trouvé en qualité de Géographe sur une flotte aux ordres de l'Amiral Ojeda, écrivit à ses amis de Florence, qu'il avoit découvert le nouveau monde, quoique Colomb y eut déja fait trois voyages avant lui, en qualité d'Amiral & de Vice-Roi. Mais les Florentins crurent Améric Vespuse sur sa parole, & ordonnerent que tous les ans, aux fêtes de la Toussaint, il seroit fait devant sa maison, pendant trois jours, une illumination solemnelle.

Voilà comme fut ravie à Colomb la gloire de donner son nom à l'Amérique. Il n'est pas étonnant que Christophe Colomb ait eu beaucoup de peines à déterminer une puissance à armer une flotille pour ses découvertes, puisque beaucoup de personnes croyoient que le nouveau monde ne gissoit que dans l'imagination de Colomb. On doutoit si fort de l'existence d'un autre continent, que le Pape Zacharie condamna au VIIIe. siecle comme hérétique, un nommé Vigile, pour avoir soutenu qu'il y avoit des Antipodes.

trait avoit fait les mêmes bleſſures, & qu'unis par l'inclination, nous ne tarderions pas à l'être par des liens indiſſolubles : c'eſt-là qu'elle m'avoua qu'elle céderoit ſans peine au premier penchant de l'amour, dès qu'une connoiſſance plus parfaite lui auroit appris que la conformité de nos humeurs & de notre caractere, répondoit à celle de nos goûts.

Jardin délicieux, tu fus le témoin de nos premiers tranſports ; arbres charmans que l'art embellit encore, vous fûtes l'écho de nos tendreſſes ! & tandis qu'à l'ombre de votre feuillage épais, chacun venoit ſe rafraîchir, nous n'y trouvâmes, nous, qu'un nouvel aliment à notre amour ; oui, ce fut là que chaque jour, en m'éclairant ſur les vertus de mon amante, me la rendit plus chere parce qu'elle me rendoit plus ſenſible. Que ne te devois-je pas, ô Parc trop agréable ! ce n'étoit pas aſſez que tu fuſſe la ſource de mon bonheur, tu m'as encore procuré l'avantage de connoître, dans tes promenades, ces hommes célebres que leurs hautes vertus rendent auſſi eſtimables à la patrie, que leurs talens ſublimes les y rendent utiles & précieux. Pardon, hommes illuſtres, pardon, ſi je vais faire ſouffrir votre modeſtie, en manifeſtant à l'univers étonné, tous les ſentimens d'admiration dont vous m'avez pénétré ; dans ce même univers, il exiſte des hommes qu'un naturel heureux peut rendre utiles, mais ils leur faut de l'émulation, & quel exemple plus capable que le vôtre, de les encourager ! je dois donc le citer pour le bonheur des nations. Je n'ai qu'une crainte, c'eſt que ma capacité ne réponde pas à mon deſir, à mes efforts ; je ſais que vous êtes autant au-deſſus de mes Chants, que le chêne eſt au-deſſus des roſeaux ; mais peut-être engagerai-je un pinceau plus habile à achever un tableau que je ne puis qu'ébaucher. Si je le ſouhaite pour la gloire des hommes que la naiſſance [1] place dans le ſanctuaire de Thémis, ou de ceux à qui elle donne le droit de commander aux autres, je ne le ſouhaite pas moins pour le bien-être de

---

(1) La naiſſance ne donne point les talens, encore moins les vertus ; c'eſt à l'inſtruction ſeule qu'on les doit, & ſans elle les meilleures qualités deviendront infructueuſes. De tous les enfans qui viennent au monde, peu naiſſent pour commander, beaucoup pour obéir, & tous pour s'entre-aimer & s'entre-aider. Or, ſi ceuxci, & ſur-tout ceux-là, ne ſont pas inſtruits, au lieu de concourir au bien commun, de rechercher tout ce qui peut procurer des avantages réels à la ſociété, ils en déconcerteront l'harmonie, ils en troubleront l'ordre & la tranquillité. Au Souverain qui naît pour dicter des loix, ſi vous donnez une éducation proportionnée au rang où il doit monter, quel avantage n'en réſultera-t-il pas pour l'état qu'il gouverne ? quelles douceurs ? quelles conſolations ? Les opprimés ne doivent-ils pas ſe promettre de l'intégrité

ceux-ci, qui ne tiennent leur repos, leur douceur, & enfin leur félicité, s'il en eſt pour eux, que de la juſtice, de l'humanité & de l'affabilité de ceux-là.

Comme celui qui ne fort point de fon pays, ignore s'il exiſte un Parc à Bruxelles, je vais, par reconnoiſſance & par inclination, en faire une deſcription qui ne ſe reſſentira ni de l'un ni de l'autre de ces deux ſentimens. J'en atteſte la divinité que les courtiſans ont bannis des Cours, que l'amant infidele trahit dans ſes déclarations, que les nourriſſons de la Garonne n'ont jamais imploré, & que peu d'hiſtoriens ont conſulté.

Aujourd'hui Bruxelles offre au voyageur curieux un Parc magnifique, & toutes les beautés d'un ſuperbe jardin; par-tout l'art y embellit la nature : là, on voit des ſta-

───────────────

d'un Magiſtrat éclairé! quels biens ne peuvent pas procurer ceux qui ſont chargés de l'adminiſtration de la juſtice! Cet état eſt pénible, il eſt délicat; mais qu'elle ſatisfaction ne produit-il pas! eſt-il un moment plus flatteur pour un juge que celui où la veuve, pénétrée de reconnoiſſance, lui témoigne toute celle qu'elle doit au jugement équitable qui lui rend ou le bien ou l'honneur qu'on a voulu lui ravir & ſouvent tous deux. Il en eſt de même de tous les membres auguſtes dont la vie n'eſt qu'une étude continuelle, & qui ne cherchent à s'inſtruire qu'afin d'être plus utiles.

tues faites par des Artiftes habiles ; ici, fe font des arbres touffus qui leur doivent leur parure : des allées parfaitement alignées, offrent de toutes parts des perfpectives qui flattent par leur diverfité ; enfin, on y a réuni tout ce qui peut rendre ce féjour agréable & recherché. Mais ce qui excite davantage l'étonnement de l'étranger, c'eft la célérité avec laquelle on l'a conftruit, ainfi que les beaux édifices qui l'entourent : comment, difoit derniérement un voyageur, furpris d'une métamorphofe aufli fubite! à peine le foleil a-t-il mûri deux fois vos moiffons depuis que j'ai vu le précipice affreux où exifte aujourd'hui cette merveille, que dans un fi court efpace de temps, vous avez pu créer un nouvel Eden [1]! ah! fans doute il faut qu'on ait roulé un atlas [2]

---

(1) Nom propre d'une contrée d'Orient où étoit le Paradis terreftre ; les favans ne font pas d'accord fur la fituation de cette contrée : Dom Calmet croit qu'elle s'étendoit dans l'Armenie, & qu'elle renfermoit les fources de l'Euphrate, du Tigre, du Phafis & de l'Araxe, &c. Les Seleuciens, Origene ; Philon, &c. ont cru que le Paradis terreftre n'avoit jamais exifté, & qu'on doit expliquer allégoriquement ce qui en eft dit dans l'Ecriture. Le cantique des cantiques C. 4. V. 13. dit que les plans de l'époufe font comme un verger rempli de Grénadiers.

La Martiniere, Dict. article Paradis terreftre.

(2) Atlas étoit un Géant, fils de Climene & de Japet ; il regnoit à l'extrémité de la terre,

entier dans ce gouffre affreux, pour en combler la profondeur. En effet, il est incompréhensible qu'on ait pu élever des bâtimens aussi considérables, & planter un jardin aussi vaste dans l'espace d'un demi lustre. Il admira le goût & l'ordre des plans; il en loua l'exécution, & trouvant dans son irrégularité, je ne sais quoi d'agréable, justement satisfait, il fut vanter à sa patrie, la splendeur & la gloire d'une Ville déja illustrée par les monumens les plus rares. Mais mon esprit, trop foible pour les longs travaux ne me permettant pas des ouvrages de longue haleine, s'appesanti sur le dessein, & ma main incertaine, partageant les fatigues de l'esprit, ne trace plus qu'au hasard. Je vais donc me reposer, & pour passer une nuit plus douce, je vais consulter les vents. Si je m'apperçois que Thiphéus [1],

---

dans des lieux couverts d'arbres, dont les branches, les feuilles & les fruits étoient d'or. L'oracle lui ayant dit qu'un fils de Jupiter lui déroberoit ses pommes, il rébuta Persée qui, à son retour de son expédition contre les Gorgonnes, lui demandoit l'hospitalité, qu'il ne pouvoit trouver dans cette contrée. Persée, indigné de ce refus, & voulant se venger de la brutalité d'Atlas, détourna la tête, & au même moment lui montra celle de Méduze. Il fut changé en montagne.

(1) Thiphéus, Austréus & Persée étoient fils des Géans, & s'appelloient vents nuisibles, selon Hésiode.

Auſtréus ou Perſée ſe diſputent l'horrible avantage de tourmenter les vaiſſeaux & de les enſevelir dans l'abîme des mers, je prierai Eole (1) de tenir pendant 24 heures ces aquilons furieux enchaînés dans ſon antre. Puiſſant Dieu! qui préſide aux vents nuiſibles ou favorables, lui dirai-je, demain la jeune Léda doit me donner l'aſſurance d'un amour éternel, demain conſéquemment doit commencer mon bonheur; fais donc! après que Notus [2] ou Borée auront ſoufflé au gré du matelot, qu'un zéphyr rafraîchiſſant regne vers le ſoir, & qu'agitant un air doux & tranquille, il engage mon amante à venir partager ſes faveurs

---

(1) Eole, fils d'Hippotas, qui demeuroit à Métaphonte, près de la ville de Tarente. Après bien des malheurs, il épouſa Ménecla, & comme il avoit long-temps obſervé les vents par les fumées qui ſortoient des volcans de Lipari; il prédiſoit, avec aſſez de vérité, quel vent regneroit; & comme l'art de la navigation étoit encore très-imparfait, on avoit recours à lui quand on vouloit naviguer. C'eſt ce qui lui a mérité le nom de Roi, & enſuite, celui de Dieu des vents; delà les Poëtes l'ont chanté, & ont feint qu'ils tenoit les vents ſous ſa puiſſance, qu'il ne lâchoit que ſelon ſon caprice. Auguſte lui fit élever un Temple dans les Gaules, & y honoroit le vent de biſe. Voyez Virgile, Homere, &c.

(2) Notus, Borée & Zéphyr étoient les vents favorables; auſſi les croyoit-on enfans des Dieux.

veurs dans l'endroit charmant qu'elle m'a indiqué. Te refuserois-tu aux vœux d'un amant tendre & sincere ; loin d'être indiscrete, ma priere est celle des cœurs sensibles ; en l'exauçant, tu fais des heureux, & tu n'a pas à craindre les reproches que t'adresserent autrefois les malheureux habitans du Mexique, quand tu favorisa la rapine barbare des Espagnols. Pourquoi n'abîma-tu pas (1) leurs escadres sanguinaires ? elles portoient la destruction chez des peuples qui ne desiroient que la paix : certain qu'Eole me sera favorable ; je vais me jetter avec confiance dans les bras de Morphée, & plein d'un espoir flatteur, m'abandonner aux douceurs que le fils (2) de la nuit pro-

---

(1) Quand Christophe Colombe, né à Genes en 1442, fut à la découverte de l'Amérique, il eut un si bon frais qu'il ne mit que 33 jours de navigation des isles Canaries à la premiere isle de l'Amérique, à laquelle il donna le nom de de San Salvador. Mais ce qui fit donner le nom de pacifique à la mer du Sud, c'est que pendant près de quatre mois, Magellan l'a couru sans y essuyer de gros temps, lorsque pour se venger de l'ingratitude des Portugais, qui lui refuserent une augmentation de six écus de gage, il passa au service de l'Espagne & de là-fut en 1519 chercher un passage pour aller partager les possessions des Portugais en Asie.

(2) Le sommeil étoit le fils de la nuit, frere de la mort, & pere des songes ; il habitoit, selon quelques-uns, l'isle de l'Emnos, selon d'au-

cure aux cœurs satisfaits. Il répendra autour de ma couche, les songes les plus agréables, & en écartera toutes les horreurs ténébreuses ; elles ne tiennent éveillés que le crime seul ; honteux de lui-même, il ne marche que dans l'ombre. Celui qui s'endort tanquillement, est le mortel dont le bonheur ne consiste qu'à faire celui des autres ; son souffle paisible annonce le calme de son ame, & semblable au doux Zéphyr, il ne se leve que pour faire le bien.

---

tres, le pays ténébreux des Cimmériens du nord. Voyez la Mythologie.

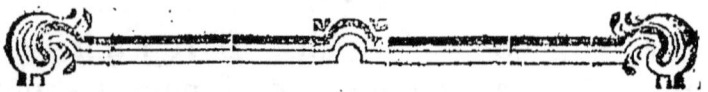

CHANT II.

Mon sommeil ne fut pas comme celui de l'artisan, affaissement total de la machine où le fait tomber des travaux durs & pénibles, il ne fut pas l'assoupissement agité de l'homme avide ; ni le délassement inquiet de l'avare ; je dormis d'un somme léger, & me levai sans crainte, parce que je me couchai sans remords. Jamais beau jour ne fut annoncé par une plus belle aurore ; déja depuis long-temps le cocq avoit envoyé le laboureur au champs; l'oie, non moins vigilante, avoit averti sa compagne de reprendre les soins laborieux du ménage, les tendres gazouillemens des fauvettes, & les doux sifflemens des rossignols annonçoient par leurs concerts amoureux, la sérénité du jour : enfin, la voûte céleste se dépouillant de sa robe noire, en avoit prit une azurée, & annonçoit par cette auguste parure, la magnificence de celui qui la lui a donnée. Bientôt on vit paroître avec une nouvelle Majesté, l'astre brillant qui nous éclaire, il vint dissiper par l'ardeur de ses rayons l'humidité dont l'aurore n'avoit pu se dégager, & rendre à la nature sa riante beauté ; alors tandis que la belle de nuit fermoit son sein à sa chaleur féconde, la rose lui ouvroit le sien, & s'épanouissoit pour répandre de plus douces odeurs. Apollon voulant enflammer l'univers des feux dont il brûloit, n'avoit jamais lancé de rayons plus ardens; malgré sa beauté, ce jour me parut d'une longueur étonnante. Plus impatient que Thétis [1], je desirois autant qu'elle le coucher de son époux, & ma tendre sollicitude ne se calma qu'au moment où il alloit achever sa course. En effet, déja sa chere moitié, pour plaire à l'époux qu'elle attendoit, s'étoit parée du plus beau coloris, déja elle lui ouvroit son sein agité, & lui-même, brûlant toujours du feu le plus constant, se précipitoit dans ses bras avec un empressement [2] égal à son ardeur, lorsque

---

(1) Thétis, Amphitre ou l'Océan, les Poëtes ont feint qu'elle étoit femme du soleil, parce qu'alors que cet astre se couche, c'est toujours dans cette mer : le Marquis de St. Aulaire, devenu Poëte à 50 ans, tira de cette Fable le sujet d'une pensée que tous les savans admirent. Madame la Comtesse d'Angoulême, étonnée de la grace & des beautés de la poésie du Marquis, lui demanda un jour comment il avoit fait pour devenir aussi bon Poëte, dans un âge si avancé. Il lui répondit bien galemment par ce Quatrin.

  La Divinité qui s'amuse
  A me demander mon secret,
Si j'étois Apollon, ne seroit pas ma Muse,
Elle seroit Thétis, & le jour finiroit.

(2) Il est certain que les personnes qui remar-

je vis venir Léda au rendez-vous indiqué ; comme il s'étoit levé vers le soir, un Zéphyr rafraîchissant, elle marchoit dégagée des vains ornemens [1] qui nous cachent une partie des charmes de son sexe, & par sa beauté réunissoit tous les regards ; mais pour nous dérober à cette foule importune, nous entrâmes dans le berceau qui termine la plus belle allée, & là sous l'épaisseur d'un feuillage que les ardeurs du midi n'ont jamais pénétré, nous nous assîmes sur un gazon, dont l'émail odoriférent, répandoit autour de nous les exhalaisons les plus agréables. Les oiseaux du boccage chantoient leurs plaisirs innocens, & sembloient nous inviter à imiter leurs tendres caresses ; la colombe féconde ne cessoit de becter son compagnon fidele ; enfin, tout réveilloit en nous les tendres sensations que nous éprouvions, tout nous excitoit à nous livrer à leurs douceurs. Mais trop persuadés qu'on ne sent délicieusement, qu'alors qu'on exprime moins, nous préférâmes la situation

---

quent le couché du soleil, s'apperçoivent, qu'à l'instant où il disparoît pour nous, il semble tomber avec rapidité dans la mer.

(2) Les femmes du premier ton, en se cachant sous des caleches ; & celles du second sous des failles, piquent la curiosité des hommes qu'elles rendent souvent insolens, tandis qu'ils feroient fort modestes, si la plupart de ces femmes prenoit moins soins de cacher leur difformité.

flatteuse où nous nous trouvions à des transports dont la violence est toujours pernicieuse. Sans cesser de ressentir tout mon bonheur, je mis le plus de modération que je pus dans ce que je dis à l'objet charmant qui le faisoit. Non, Leda, je ne pourrai jamais vous apprendre toute l'étendue de la reconnoissance que je vous conserve; c'est le premier hommage [1] que je vous dois. Puisse-t-il vous être agréable! & de même qu'il précéde l'amour dans mon cœur! puisse-t-il préparer le vôtre au retour que j'en attends. Si la force de l'expression décide toujours de celle des sentimens, je dois désespérer de trouver des termes assez forts pour vous faire connoître toute la vivacité des miens; c'est à vous à juger de leur nature, puisque vous les avez fait naître (2) : vous aimer étoit sans doute un

---

(1) Voltaire dit dans sa Zaïre, Scene premiere; Acte premier.

Non la reconnoissance est un foible retour,
Un tribut offensant, trop peu fait pour l'amour.

Si l'amour est une passion, il est l'effet du delire, & je crois qu'en effet la reconnoissance l'exprimeroit mal. Mais si l'amour est un sentiment, je prétends que la reconnoissance en a été le premier aliment, & que tous les autres sentimens ne sont dérivés que de celui-là. L'amour de Zaïre étoit un de ses sentimens délicats auxquels la reconnoissance ne diminue rien.

(2) Sans être coquette, une femme peut s'a-

devoir, & jamais mon ame n'en remplira qui lui foit plus cher : vous le dire, étoit une juftice, & quand j'y fatisfais avec tant d'empreffement, je me plais à penfer que vous m'en faurez gré. Mais du plaifir de vous adorer naît le defir de vous plaire, & ma félicité fera certaine, quand j'aurai celle d'y parvenir. Si la certitude d'être toujours aimée fuffifoit pour décider votre choix, je pourrois, plus que perfonne, me flatter de le fixer, mais ce n'eft pas affez d'une tendreffe exceffive, d'une conftance à toute épreuve, pour faire pencher un cœur vers foi; fouvent on n'eft pas plus heureux quand on réunit les avantages de la naiffance de la nature, & même ceux de la fortune [1] : l'amour s'infpire & ne fe

---

vouer des attraits, quand elle en a réellement. Elle doit même les cultiver, & fans annoncer de prétention décidée, elle doit être flattée d'infpirer de l'amour à un galand homme. En prenant autant de foin d'orner fon efprit, que de fe faire un caractere facile; en cherchant à intéreffer par fes vertus comme par fa beauté, une telle femme, autant aimée qu'aimable, ne fera jamais furprife de l'impreffion qu'elle fera.

(1) Je fais comme tout le monde qu'on peut cueillir par-tout le plaifir avec des doits d'argent; mais il faut alors penfer qu'il en eft des befoins de l'amour comme de ceux du boire & du manger qu'on fatisfait plus ou moins copieufement, quand on en a les moyens. Cependant il eft des perfonnes à qui la fenfualité ne permet pas indiftinctement toutes fortes de mets; pourquoi

commande pas ; moi, qui ne parois à vos yeux que plein de ce sentiment ! moi ! qui n'ai d'autre hommage à vous offrir que celui d'un cœur sincérement épris ! puis-je me livrer aux douceurs de l'espérance ! ah ! Leda que de tels moyens sont foibles ! qu'ils sont impuissans pour vous engager à m'honorer d'un retour trop ardemment désiré cependant, pour n'être pas obtenu ! je sens que je n'ai plus de capacités que pour vous chérir ; je sens que je vous serai éternellement attaché, & que s'il m'est permis d'espérer encore

───────────────────────────

n'admettre pas la même délicatesse en amour ? telle femme souvent n'est subjugée à la vue de l'or, que parce que le luxe ayant augmenté ses besoins, elle seroit dans l'impuissance de les satisfaire, si elle ne faisoit pas ressource de ses charmes. Mais il est rare que son cœur partage la prostitution de son corps ; il est même ordinaire, dans les grandes villes sur-tout, de rencontrer des femmes qui savent allier une extrême générosité avec une extrême libertinage. Leur amant éprouve-t-il un revers ? elle commerce le plaisir pour soulager leur ami malheureux. J'ai connu des femmes qui, avec des amans fidels, ou avec des maris moins brutaux & moins sordides, n'auroient jamais connu ce trafic honteux. Quiconque n'admet pas une générosité désintéressée dans une femme, quiconque enfin ne la croit pas vertueuse par gout, hasarde bien son bonheur quand il se marie, sur-tout si cet homme s'est imaginé qu'il n'y a point de femme qui puissent résister aux soupirs sterlings.

un beau jour, ce sera celui qui m'assurera votre possession; elle seule fera le bonheur de ma vie, que je brûle de vous consacrer. Vous dire que je n'aurai pas de soins plus empressés que ceux de vous plaire, point de désir plus cher que celui de vous adorer, c'est vous apprendre que tous mes jours seront marqués par des traits de tendresse, d'amitié & d'estime pour vous. Tels sont les sentimens que je puis vous promettre sans craindre de devenir parjure; tel est le sort que vous devez attendre, Léda, & si vous n'êtes pas heureuse avec moi, vous ne la (1) serez jamais avec personne. C'en est assez, me dit-elle, du ton le plus attendri, je vous crois, parce que mon cœur, loin d'y répugner, se sent entraîné vers vous avec la même force que le vôtre vers moi. Cet aveu vous apprend assez combien je peux devenir sensible, si vous êtes aussi vrai dans votre conduite à venir, que vous paroissez l'être dans vos promesses. Non moins tendres que les vôtres, mais plus délicates, nos ames reçoivent les impressions de l'amour avec la même force que vous, & croyez que si vous n'en aviez pas fait sur mon cœur prévenu, je ne vous aurois pas revu aujourd'hui. Mais je me suis rendu ici avec

_____

(1) Madame de Sévigné prétendoit qu'elle se seroit crue de la barbe au menton, si on l'eut forcé de dire dans une telle occasion le serez.

plaisir, parce que j'espere que de cette démarche naîtra notre bonheur mutuel. Oui, j'aime à penser que vous me chérissez réellement. La naïveté de vos expressions me le persuade plus aisément que l'éloquence la plus sublime. Je crois même que votre amour est sincere, & qu'il sera constant ; du moins je le desire ! Mais ne vous engagez encore à rien ; on n'est jamais plus près du parjure qu'alors qu'on se promet plus. Rappellez tous vos sens, & prêtez-moi toute votre attention ? quoique vous n'eussiez rien fait encore pour mériter mon cœur, cependant je vous le promets, parce que j'espere que vous vous en rendrez digne. Venez tous les jours dans ce jardin, que votre présence embellira encore pour moi, venez m'y faire de nouvelles protestations ? chaque fois je vous y reverrai avec un nouveau plaisir ; peut-être même mes désirs vous y préviendront-ils ! gardez-vous cependant de tirer aucune conséquence imprudente d'un aveu que je vous dois pour premiere preuve de mon retour sincere. Si vous m'avez crue foible, vous vous êtes trompez ; je peux céder au penchant, mais jamais à l'amour. Connoissez votre amante ? tendre, mais ferme ; sensible, mais délicate, elle n'aimera jamais par tempéramment & moins encore par devoir. Mon cœur peut se donner, mais il ne sera jamais ni séduit, ni vaincu. Il y avoit déja quelques secondes que Léda avoit cessé de parler, que je l'écoutois encore, tant ma surprise avoit été extrême. Ainsi qu'un criminel qui, au moment de périr, reçoit sa grace qu'il n'espere plus, il entend & ne peut répondre ; une joie inattendue a suspendu l'usage de ses sens, & long-temps après il est encore stupide ; de même l'idée du bonheur que Léda me promettoit, avoit répandu dans toute mon existence une sensation si délicieuse, que j'oubliai un moment, dans une agréable rêverie, l'objet charmant qui l'occasionnoit ; mais un sourire de Léda, me rendit bientôt à elle, & plus tendre & plus passionné que jamais : tout ce que mon amante venoit de me dire d'obligeant avoit tellement échauffé mon imagination, que mon cœur alloit s'abandonner à toutes les impulsions de l'amour, quand Léda m'apprit par un regard imposant que si la vertu peut écouter la tendresse, ce n'est que la plus douce & la plus épurée. Honteux d'un transport qui avoit déplu à mon amante, je tombai à ses genoux, & pénétré du plus vif repentir, je lui tiens à-peu-près ce langage. Seroit-il possible ! Léda, que tu t'offenserois d'un desir que tu a fais naître ! quoi, tu venois m'apprendre que tu étois sensible, & les preuves les plus convaincantes de l'amour le plus parfait pourroient te faire passer de cette extrême sensibilité à une extrême rigueur ! non je ne puis le penser : on n'eſt jamais ſenſible ſans généroſité, & la douleur qui déchire le cœur de ton amant déſeſpéré ne permettra pas à ta tendreſſe naiſſante, d'autre ſentiment que celui de la clémence. Je te jure ſur l'honneur qui ne m'eſt pas moins cher que l'amour, que je n'ai deſiré que ton bonheur. Ah ! Léda quand on t'aime, ce ne peut-être qu'avec excès, & la modération eſt un crime en amour : je te l'ai dis, chere amante, ta poſſeſſion ſeule peut faire le charme de ma vie, & j'ai cherché à hâter ce moment heureux. Je voulois commencer ta félicité avec la mienne, car ne t'y trompe pas, Léda, ainſi que je ne puis plus être heureux que par toi, tu ne peux plus être heureuſe qu'avec moi. Oui, ſans doute, heureux l'un par l'autre, nous ne vivrons que l'un pour l'autre, & de même que je ſerai toujours tendre, parce que je ſerai toujours fidele ; tu ſeras toujours aimée, parce que tu ſeras toujours aimable : j'en atteſte tes charmes que j'adore, j'en atteſte tes vertus que je révere ; raſſure ton amant, & laiſſe lui lire dans tes yeux attendris, l'eſpoir du pardon qu'il deſire avec ardeur. Au nom des Dieux ! au nom de tout ce qui t'eſt le plus cher.... Va, c'eſt toi, & cet aveu, peut-être trop prompt, te promet plus que tu ne devois eſperer : mais tel eſt le caractere de ton amante, tu as fu la toucher ; & comme on ne peut être coupable qu'alors qu'on médite le crime, le défordre de tes difcours annonce affez celui de ton ame pour que je te pardonne; releve-toi ? je te promets de ne conferver de cette fcene aucun fouvenir qui te foit défavantageux. Mais quittons ce berceau, où je ne me retrouve plus feule avec toi, qu'alors que tu te rappelleras mieux de ce que tu me dois, de ce que tu te dois à toi-même, & fur-tout au public qui nous environne. Elle dit, & auffitôt elle quitte ce lieu charmant, où je paffai tour-à-tour de la crainte à l'efpoir & de l'efpoir à la crainte.

Nous remontâmes cette allée fuperbe, couronnée par deux extrêmités également merveilleufes ; l'une eft un précipice affreux que l'art a tellement déguifé qu'on ne le voit qu'avec plaifir, quoiqu'il paroiffe devoir être un jour le tombeau du jardin délicieux où nous nous promenions. L'autre eft un palais magnifique confacré à Thémis. Là, doit s'affembler un confeil augufte, qui au nom de cette Déeffe dont il fera refpecter les loix, ne rendra que des arrêts dictés par l'équité même. Et comment pourroit-il s'en écarter ? le chef qui l'illuftre par fes lumieres ne jouit de l'eftime des Grands & de la confiance des peuples, que parce qu'il ne pefe les intérêts des uns des autres qu'au poids de la justice la plus scrupuleuse ; soutenu dans cette carriere, difficile à fournir, par des membres également éclairés, il marche avec eux vers la gloire où ils parviendront tous.

Flatté de la justice que je rendois au Conseil de sa nation, Léda, environnée de spectateurs, ne put me témoigner sa reconnoissance qu'en me pressant tendrement la main. Je suis charmée, me dit-elle, que vous n'échappiez aucune occasion de me convaincre que vous êtes vrai, & cette connoissance ne peut qu'ajouter encore.... mais survint de Vaugrenand, un de mes amis, qui l'empêcha de continuer. S'il me priva d'entendre quelque chose d'obligeant de mon amante, il chercha du moins à m'en dédommager par celles qu'il m'apprit.

Jamais jour n'avoit été plus agréable pour la promenade, aussi je pense que la Ville entiere s'étoit donnée rendez-vous au Parc. Si les cirques [1] Romains étoient plus

---

(1) Le cirque étoit une grande place où se célébroient chez les Romains, les jeux & les exercices de la lutte, du pugilat, de la chasse, & particuliérement la course des chevaux & des chariots. Les Romains, passionnés pour ces jeux qu'ils avoient empruntés des Grecs, avoient fait construire un grand nombre de cirques. Le plus magnifique de tous, étoit celui que Tarquin avoit fait tracer entre le Mont Aventin & le Mont

nombreux, ils n'étoient pas mieux composés que le cercle brillant que nous admirâmes autour du grand Baſſin. Jamais amphithéatre n'offrit coup-d'œil plus flatteur, & malgré l'authenticité des hiſtoires, je douterai long-temps ſi la nobleſſe Romaine parut jamais avec autant d'éclat que celle que nous vîmes avec tant de plaiſir. Je demandois à mon ami, quelque détail ſur le ſpectacle qui m'enchantoit, & ſurtout j'aurois deſiré qu'il m'apprit quelques particularités des perſonnes qui m'avoient le plus frappé; mais le narré eût été trop long, & nous le remîmes au lendemain. D'ailleurs, le crépuſcule amenoit la nuit à grands pas : déja le ſerein, qui précede cette Déeſſe, retomboit [1] & venoit fé-

───────────────

Palatin. Tarquin le Superbe, le fit environner de gradins de bois, enſuite on les fit de brique, & puis de marbre. Il pouvoit contenir 150,000 & même 200,000 ſpectateurs. Il y avoit au-deſſus des portes, des loges pour les perſonnes les plus diſtinguées. Les mœurs les plus douces ont ſuccédé à des mœurs dures, & ces jeux, ſouvent cruels & ſanguinaires, qui amuſoient les grands, ne plairoient même pas aux petits aujourd'hui. Nos promenades publiques ont bien plus d'avantages, on n'y va que pour s'inſtruire aux dépens des perſonnes ridicules qui s'y trouvent. Hiſtoire Romaine.

(1) Le ſerein n'eſt autre choſe que la roſée du ſoir, ou la roſée commençante qui n'eſt pas encore devenue ſenſible par l'accroiſſement qu'elle

conder la terre, en y répandant une humidité rafraîchissante : déja la mere des Euménides étendoit son voile parsemé d'étoiles, & tandis que son obscurité alloit procurer d'heureux momens aux époux bien assortis, elle alloit commencer les tourmens des jaloux : mais telle est la vicissitude des choses que si les ténebres épaisses favorisent les amans, elles cachent aussi les manœuvres des frippons, & semblent faciliter leurs desseins monstrueux. Comme nous avions ardemment souhaité l'instant qui nous avoit réuni dans ce séjour charmant, & que nous ne nous y étions vu qu'avec un plaisir connu des ames sensibles, nous ne pûmes entrevoir qu'avec douleur celui qui alloit nous séparer. Léda, pour m'adoucir les peines de cette triste séparation, m'assura qu'elle ne se feroit point attendre le lendemain ; sur-tout qu'ayant pris heure avec mon ami, pour satisfaire ma curiosité, nous le dévancerions afin d'avoir le temps de parler de notre amour. Cette attention obligeante me charma, & j'en pris occasion de lui

---

reçoit pendant la nuit, & qui est parvenue à son complettement, peu de temps après le lever du soleil. C'est une erreur populaire que l'opinion qui fait regarder le serein comme une émanation seche, plus nuisible que la rosée, proprement dite. Voyez le Vocabulaire.

lui faire les adieux les plus tendres. Je la remis chez elle, & un baiser [1] qu'elle me permit de prendre sur sa main, fut le prix dont elle paya ma complaisance. O salaire précieux, que vous me fîtes éprouver une agréable sensation ! je lui réiterai mes adieux, & fus m'ensevelir dans ma chambre, où pour me distraire de l'ennui que je craignois loin de ma Léda, je me berçai de la flatteuse espérance de la revoir le lendemain plus tendre encore.

---

(1) J'entends déja les prudes se récrier contre le baiser. Comment, au premier rendez-vous, accorder une faveur aussi grande ; en vérité, cette Léda est bien inconséquente. Moins que vous, femmes masquées, qui n'affectez une retenue si sévere en publique, que pour vous livrer avec plus de sureté à vos impudiques lubricités. Descendez dans vos cœurs, & avant que de chercher à répandre le ridicule sur une femme décente, interrogez-les sur vos crimes cachés, & craignez que les compagnons de vos débauches, las de vos maneges, n'affichent vos turpitudes, en publiant leurs dégoûts.

CHANT III.

Tout sembloit sourire à mon amour. Le temps étoit tel que je pouvois le desirer. Un nuage léger interceptoit les rayons du soleil, & sans rendre leur lumiere ni moins brillante ni moins gaie, il les rendoit moins brûlans & conséquemment plus favorables à la promenade. Toutes les beautés de Bruxelles y éblouirent. Il faut convenir que le sexe y est charmant. Les femmes y sont gracieuses sans minauderies; sans art & sans coquêterie, elles plaisent, parce que la nature leur a donné tout ce qu'il faut pour y réussir sans efforts. Décentes sans pruderies, elles sont honnêtes & affables sans prétentions; enfin, leur société est d'autant plus desirable, que sans affecter le savoir, elles sont assez instruites pour charmer, par leur conversation, comme elles ravissent par leurs attraits. Je me livrai d'autant plus volontiers au plaisir de les admirer; que c'étoit à l'une d'elle que j'allois devoir mon bonheur. D'ailleurs, elles me représentoient Léda, & c'en étoit assez pour captiver toute mon attention. En effet, l'une avoit sa démarche engageante; l'autre sa taille légere; celle-ci m'offroit son rire gracieux; dans celle-la, je voyois la régularité de ses traits; quelques-unes avoient natté leurs cheveux comme Léda, qui jusqu'à la couleur, me faisoit allusion. Cette contemplation étoit d'autant plus amusante pour moi, qu'elle ne m'inspiroit aucun de ces desirs violens, qui tiennent du transport, & qui après avoir séduit le cœur, ont bientôt persuadé l'esprit. Tranquille au sein du danger, car de telles armes sont toujours prêtes à blesser, je ne me suis long-temps occupé que d'idées agréables, mais comme elles n'affectoient point mon ame prévenue, j'en fus tiré par des réflexions douloureuses. Par quel destin fatal, me disois-je, est-il possible! que parmi cet essaim de jeunes beautés, il y en ait de condamnées à un malheur inévitable! quelle bifarrerie! ou plutôt quelle injustice de la part des hommes! il n'en est pas un qui n'attende son bonheur d'une femme estimable? & tous font ce qu'ils peuvent pour les rendre méprisables. C'est de ce contraste inconcevable que naissent toutes les disgraces auxquelles la possession d'une femme expose.

Rarement un jeune homme est conduit ar la raison près d'une jeune personne; e besoin est sa premiere loi, & le satisfaire st son premier desir. Mais les difficultés u'il éprouve, loin de le rebuter, l'irritent, ce qui n'étoit que goût devient passion. ientôt son imagination échauffée lui peint

C ij

l'objet de son amour, comme le seul capable de faire son bonheur, & d'après cette persuasion, il met tout en usage pour s'en procurer la possession. D'abord c'est une assiduité qui deviendroit importune à toute autre qu'à une amante; ses soins sont outrés, sa complaisance est aveugle, & trop favorablement prévenu, il voit tout en beau dans sa maîtresse. Il ne se donne pas la peine d'étudier son caractere; il ne cherche point à démêler ses inclinations; son humeur devient pour lui un objet peu fait pour mériter son attention; enfin, il aime, il desire, & c'est assez pour croire toutes les perfections dans l'objet de son amour. Mais que résultera-t-il d'une conduite aussi légere, aussi imprudente, & trop ordinaire aux sept huitieme des jeunes gens? que la possession étant tout ce qu'ils desirent, ils obtiennent, à force de sermens & de promesses, un retour aussi sincere que peu réflechi. Sans consulter s'il y a des convenances qui peuvent rendre un jour leur union possible, de jeunes personnes n'écoutent que leur penchant; des besoins non moins pressans, une inexpérience pernicieuse, tout enfin parle pour leur amant, il est heureux, du moins il croit l'être, & le moment qui commence sa félicité, ouvre à son amante un abyme de douleurs. Elle n'est pas long-temps à s'appercevoir que le bonheur qu'elle avoit cru enchaîner, n'étoit qu'une vapeur épaisse qui s'étoit dissipée avec le desir. Celui de son amant satisfait ne lui montre plus dans son amante qu'un objet très-ordinaire; quelque traits qu'il avoit pris pour de la beauté; une saillie qu'il avoit cru spirituelle; un air de jeunesse qu'il avoit pris pour des graces, tout l'avoit séduit avant la possession; mais son amour, trop grossier sans doute, s'étoit tellement épuré dans le creuset de la jouissance, qu'il ne lui en étoit pas resté un scrupule. Cette jeune personne, jouet de sa crédulité, se désespere de l'ingratitude d'un homme qu'elle avoit cru sincere: encore doit-elle s'estimer heureuse; si elle n'a que ce malheur à déplorer; elle a couru des risques plus dangereux. L'amour pouvoit lui apprendre qu'il est un temps où le grain qu'il seme ne produit qu'une récolte amere. Une jeune personne qui n'a point éprouvé cet accident, peut encore espérer des beaux jours. L'expérience doit la rendre prudente. Les larmes qu'elle verse se tariront; le temps, seul baume qui puisse guérir les blessures de l'amour, viendra fermer les siennes, qu'elle doit bien se promettre de ne plus rouvrir à des traits aussi aigus.

Comme les torts de cette nature ont moins leur source dans le cœur que dans l'éducation négligée (1) des femmes, & dans le défaut de principes chez les hommes, j'engagerai les unes à lire M. Thomas sur le caractere & les mœurs des femmes de différens siecles, & les autres à se dépouiller d'un préjugé d'autant plus absurde, qu'il

---

(1) L'éducation funeste, je dirai presque meurtriere que nous permettons aux femmes, est d'autant plus dangereuse, que sentant trop leur insuffisance, nous les obligeons, par l'espece d'avilissement où nous les tenons, à se déguiser sans cesse; nous traitons en elle la nature comme dans un parterre que l'on ne peut orner sans le secours de l'art. Nous sommes moins leurs compagnons que leurs despotes; nous n'agissons avec elles, qu'en tyrans qui abusent du droit du plus fort. Aussi qu'en arrive-t-il? qu'elles usent à notre égard du droit du plus adroit, ne pouvant pas user de représailles, & certainement nous n'y gagnons pas. Je suis persuadé qu'une femme n'est foible que parce qu'elle est sensible, & quel trésor qu'un cœur sensible quand il est ménagé. Non-seulement en instruisant les femmes on les purgeroit de leurs défauts, mais on leur épargneroit des vices, & à nous des crimes. Je crois entrevoir encore une autre cause de nôtre injustice à leur égard, & dont elles pourroient tirer vanité, c'est que si nous ne faisons pas mieux instruire les femmes, c'est parce que nous craignons qu'elles ne nous surpassent dans les sciences de goût, parce qu'elles l'ont & plus fin & plus délicat que nous, & dans la politique, parce qu'elles ont l'ame aussi élevée & aussi discrete que la nôtre. Les deux Impératrices regnantes en fait de politique, & les Sevigné & les Deshoulieres, ne justifient que trop nos craintes pour la délicatesse & le goût.

fera, tant qu'il subsistera, un obstacle invincible (1) au bonheur des deux sexes.

J'allois continuer mes réflexions quand j'apperçu Léda amenée par mon ami. Quelque foible que soit le langage des yeux, pour des cœurs bien épris, il fallut cepen-

---

(1) Depuis que M. de Buffon a dit qu'il n'y avoit dans la passion de l'amour que le physique de bon, & que le moral, c'est-à-dire le sentiment n'en valoit rien, bien des hommes, & même les plus éclairés, ont suivi ce système insensé, & delà est venu le peu de cas qu'ils ont faits de ce sentiment, dont ils ont trafiqué comme d'un cheval, d'une montre, &c. Mais que ces Mrs. me permettent une question, & je leur demanderai pourquoi ils font un crime, qu'ils punissent de mort, à un malheureux qui manque de tout, de prendre quelqu'argent que leur dureté lui a refusés pour se soustraire à l'horreur de mourir de faim ; tandis qu'ils ne cessent d'estimer & même d'honorer ceux qui ne se font pas le plus léger scrupule de tromper une jeune victime qu'ils immolent à leur brutalité, qu'ils ont séduite, si elle n'est pas à son aise, à force de présens, & si elle est, par des promesses que l'honneur, même le moins délicat, n'a pas pu leur permettre, puisqu'en les faisant, ils savoient bien qu'ils ne les tiendroient pas. Je leur demanderai encore lequel de ces deux crimes leur paroît le plus énormes & celui qui tend plus à détruire le bon ordre que l'on doit désirer dans une société ; quel est celui dont l'impunité y causeroit le plus de ravage. Je puis me défendre contre celui qui me demande de l'argent, mais je ne puis résister aux promesses d'un homme que je crois honnête.

dant nous en satisfaire dans ce moment. Aussi nous nous promîmes bien de nous dédommager amplement d'une contrainte si pénible dès que nous serions seuls. La conversation fut d'abord générale, mais l'affluence du beau monde, fit que je rappellai à Vaugrenand, la promesse qu'il m'avoit faite, & le sommai de sa parole. Comme nous passions devant le nouveau Palais du Conseil de Brabant, Léda nous demanda pourquoi on n'y transféroit pas aussi le Conseil-Privé & celui des Finances, puisque tous ces Conseils étoient également ceux de la Souveraine. Il est certain Mlle. lui dit Vaugrenand, que ces Conseils s'assemblent au nom de votre digne Reine; cependant celui de Brabant n'est que pour cette Province, au lieu que les deux autres sont pour tous les Pays-Bas Autrichiens. Dans celui de Brabant, elle rend toujours justice; dans les deux autres, elle fait souvent grace. Dans le Conseil-Privé, sur-tout, cette auguste Impératrice, qu'on n'aime pas, mais qu'on idolâtre, ne cesse de donner à ces sujets chéris des preuves de la bienfaisance qui a toujours caractérisé son regne illustre. Elle a choisi pour Ministre de ses volontés, un chef qui pût l'éclairer sur le mérite des sujets auxquels elle dispense ses graces. En effet, est-il un plus grand homme, en est-il un plus digne d'être l'organe de son adorable Souveraine, que l'illustre Magistrat qu'on admire à la tête de ce grand Conseil ? Sa haute sagesse & son expérience consommée, vertus qu'il n'a acquises que par des travaux pénibles & assidus, ne lui permettent pas d'exposer sa Souveraine à se repentir de ses bienfaits. Philosophe savant, sa premiere vertu fut de s'instruire, son premier devoir fut d'éclairer, & comme il ne marche jamais qu'environné de la précision & de la vérité, il laisse derriere lui des sillons de l'une & de l'autre qui brilleront aux yeux de ceux qui le suivront, & les conduiront d'un pas sûr, à l'immortalité qu'il s'est acquise. Par un talent qui n'appartient qu'au Procureur général, il sait allier les devoirs rigoureux de son état avec les inclinations douces de son cœur. Magistrat sévere, mais citoyen généreux, il s'est concilié la confiance des chefs, & l'amour du peuple.

Dans ce Conseil si cher à la nation, on ne voit que des membres vertueux, dont l'unique étude est de faire des heureux. Tout entier aux devoirs pénibles qu'il s'impose, un Conseiller s'oublie dans les graces qu'il dispense chaque jour, pour les répartir au mérite seul ; sourd à la flatterie qu'il méprise, il n'écoute que le cri de l'humanité qu'il soulage [1]. Il n'eut pas tari sur l'é-

─────────────────

(1) Sécourir les malheureux, donner à l'indigent ; ne sont pas seulement des vertus chré-

loge de ces hommes méritans, si Léda ne l'eut pas interrompu pour lui demander quel étoit ce personnage respectable, qui sembloit s'être dépouillé de toute sa gravité pour caresser de jeunes enfans qui l'entouroient. C'est un des principaux Membres des Finances, lui répondit-il ; mais lui dit Léda, en nous parlant de ce Conseil, vous ne nous avez pas dit quelle étoit sa jurisdiction ? Il connoît de tout ce qui concerne l'administration des Finances & celle du commerce. En ce cas-là, ils peuvent donc aussi obliger bien du monde, s'écria

---

tiennes, mais encore des vertus morales dont la société tire beaucoup d'avantage. Si je donne à une créature de quoi soulager une faim pressante, je l'empêche de se procurer ce secours par des voyes de fait. Le bon ordre n'est donc point troublé, & la société n'a point à se plaindre. Si j'ai un emploi qui tienne sous ma dépendance un certain nombre d'hommes, dont la destinée dépend des soins & de l'exactitude avec lesquels je ferai mon état, je dois le remplir, non seulement avec intégrité, mais avec une application qui me mette à même de discerner les moyens les plus propres de conserver à la société des citoyens qui lui sont utiles, en ne donnant qu'au mérite, & à la vertu. Il en est de même d'un juge ignare, qui faute de lumiere, ruine une famille honnête, qui sans lui, auroit fait de sa fortune un usage utile à la société à laquelle il enleve cette famille généreuse qui va chercher sous un climat plus heureux des juges plus éclairés.

Léda ? Ils n'ont pas d'occupation plus chere que celle-là, nous apprit-il ; & dans ce Conseil comme à la Chambre des Comptes, vous n'y verrez que des hommes integres qui n'ont d'autre paffion que celle du bien, d'autre defir que celui de le faire, & d'autre ambition que celle de fe foutenir dans la confidération qu'ils ont acquife. On ne me foupçonnera point d'être partial, dans la juftice que je rends à des tribunaux que je révere, puifque je fuis étranger, nous dit mon ami, & je n'en parle ainfi que parce que j'en ai une connoiffance parfaite. Il faut convenir auffi, repris-je, qu'une circonftance qui n'a pas peu contribué à illuftrer le regne de l'augufte Thérefe, c'eft d'avoir fu choifir des hommes vertueux pour remplir les emplois militaires, & les charges civiles de ces vaftes Etats. Ce choix eft délicat, mais quand il eft auffi heureux que celui de cette grande Reine, fa gloire ainfi que le bonheur de fes fujets font affurés. Rien n'eft plus jufte que ce que vous dites-là, reprit mon ami, & nous en avons ici un exemple affez frappant pour n'avoir pas befoin d'en chercher d'autres. Quand je ne vois que de la joie & un air de fatisfaction répandu fur tous les vifages, je fuis fûr de vivre fous le Gouvernement le plus doux & le plus fage ; & quel peuple plus gais que celui de Bruxelles ! Son allégreffe eft l'éloge le plus flatteur qu'on puiffe faire des illustres personnages qui y sont à la tête du Gouvernement. En effet, j'ai oui parler bien avantageusement du Prince qui en tien les rênes. On lui rend justice assurément : on n'en doit pas moins aux soins laborieux du Secrétaire d'Etat. Ses lumieres & sa vigilance lui rendent faciles les devoirs importans de sa charge, & ne contribuent pas peu à maintenir la belle harmonie qui regne dans ce Gouvernement. Nous n'eussions pas finis sitôt un entretien d'autant plus agréable, qu'il ne rouloit que sur le bonheur des peuples sagement gouvernés, si mon ami n'avoit apperçu quelques personnes de sa connoissance, vers lesquelles il courut avec un empressement qui nous témoigna assez le cas qu'il en faisoit. Je profitai de ce petit interval pour parler à Léda de mon amour, & lui apprendre toute la contrainte que j'ai été obligé de me faire, pour ne pas interrompre le narré de mon ami. Il ne falloit pas moins que le plaisir d'entendre parler avantageusement de ton pays, lui dis-je, pour suspendre celui que j'aurois eu à m'entretenir avec toi. Sans vouloir te faire un reproche (1) de l'attention que tu as prêté à Vaugrenard,

_____

(1) la jalousie en amour n'est pas du même genre que l'envie. C'est un sentiment plus naturel, & dont on a beaucoup moins à rougir. Elle n'est autre chose que la crainte d'être trou-

je crois pouvoir t'aſſurer, chere Léda, que je ne tenois pas alors la premiere place dans ton eſprit. Je ſuis enchanté de te ſavoir bonne patriote, c'eſt une vertu de plus qui me rend ta poſſeſſion encore plus deſirable. Il eſt vrai, me dit Léda, que j'ai écouté ton ami avec beaucoup de ſatisfaction, mais crois que tu n'y perds rien, au contraire, quand notre ame a été agréablement affectée, elle s'en ouvre bien plus

---

blé dans la poſſeſſion de ce qu'on aime. L'amour eſt un ſentiment ſi excluſif & qui anéantit tellement tous les autres, qu'il exige naturellement un retour ſemblable de la part de ſon objet. Ce n'eſt donc qu'en y attachant une idée de baſſeſſe, que la morale attaque la jalouſie en amour. Il faut pourtant diſtinguer le cas où la jalouſie eſt une délicateſſe, & peut ajouter à la force de l'amour : il eſt certain qu'un amant, qui a placé tout ſon bonheur dans la poſſeſſion de ſon amante, doit craindre qu'elle ne lui ſoit ravie juſqu'au moment où des nœuds indiſſolubles la lui aſſurent pour toujours. Alors à la jalouſie doit ſuccéder la confiance. Tout homme qui eſt jaloux de ſa femme lui fait injure, ſi elle eſt honnête, & affiche ſa honte, ſi elle ne l'eſt pas. Autant un amant eſt pardonnable d'être jaloux de ſa maîtreſſe, autant un époux l'eſt peu de l'être de ſa femme. D'ailleurs celui-ci ne l'eſt ſouvent que parce qu'il ſait qu'il ne donne que trop de ſujet à ſa femme de le mépriſer, ſoit par ſes infidélités, ſoit par ſes brutalités, &c. Si les époux veuillent prévenir cette maladie, ils n'ont qu'à ſe croire toujours amans & n'agir que comme amans, c'eſt-à-dire oublier qu'ils ſont époux.

facilement aux fenfations délicieufes, & alors l'objet qui lui plaît, lui paroît bien plus aimable, & lui devient plus cher. C'eft ce que tu me fais éprouver actuellement, je goûte à te voir, à te parler, & à t'entendre, des douceurs que je n'ai pas encore fenties : non tu n'a pas d'idées du charme que me caufe la certitude de te plaire ; peut-être te montrai-je trop de penchant à t'aimer, mais je te l'ai dis, telle eft ta Léda, fincere par caractere, mais vertueufe par goût, je ne te cacherai pas par pruderie, ce que je voudrois t'avouer par inclination. Et pourquoi craindrois-je d'avouer des fentimens qui me font honneur, & defquels j'attends mon bonheur ? Quiconque diffimule en amour, veut tromper ; qui s'engage de bonne foi, ne craint pas de fe laiffer pénétrer. D'ailleurs, on ne peut fe bien connoître qu'autant qu'on fe laiffe voir tel qu'on eft : & alors fi nos défauts ont échappé aux yeux de l'amour, ils n'échappent point à ceux de l'amitié ; celui-là fe tait fouvent par complaifance, mais celle-ci parle par attachement, & toujours indulgente, elle excufe en corrigeant. Sa douceur fait tellement engager à fe dévoiler, qu'on lui découvre un fond qui n'eft fouvent fi fec & fi ftérile, que parce qu'on n'a pas permis à fes foins obligeans d'en arracher l'ivraye, & d'y femer fructueufement. Ceffons donc de nous contraindre, Sinſeule ? & ſi tu m'aimes de bonne foi, ne cache point par une ſotte vanité, des défauts que ton amante ne deſire connoître que pour t'en corriger. Quand on agit avec liberté, on agit d'après ce que l'on penſe (1), & le caractere en eſt bien plus aiſé à connoître, & les défauts à déraciner. Le déguiſement a fait plus d'époux malheureux, que l'inconſtance n'a fait d'amans volages. Je veux donc te connoître parce que je veux que tu me connoiſſe,

_____

(1) Je donne pour exemple un enfant (on ne peut pas mieux comparer en amour) à qui on laiſſe une liberté entiere juſqu'à cinq à ſix ans, parce qu'il n'eſt pas contraint il dit tout ce qu'il penſe, & il agit d'après ce qu'il penſe. Or des parens, ſans être bien habiles, peuvent juger parce qu'il dit & ce qu'il fait, quels ſont ſes goûts, ſes inclinations & ſon humeur. Ils peuvent d'après ſes connoiſſances, rendre ſon éducation plus aiſée & plus fructueuſe. Il en eſt de même en amour. Que deux amans ſincérement attachés, veulent ſe procurer des plaiſirs ſans remords, en ſe liant indiſſolublement, c'eſt de ſe montrer l'un à l'autre tels qu'ils ſont en effet. Alors ils ſe corrigent mutuellement, & les défauts qu'ils n'auront pas pu ſe déraciner entiérement, ne feront plus un obſtacle à leur bonheur parce qu'ils les connoîtront, & ſe les paſſeront réciproquement. Je ne conçois pas comment on peut s'unir ſans cette précaution. Auſſi voit-on beaucoup de mariages malheureux, parce qu'on a plus conſulté les convenances de fortune que celles de caractere.

& nous ne parviendrons jamais à ce but, tant que nous nous contraindrons. Quiconque craint de se laisser pénétrer, sait qu'il ne gagneroit pas à être connu, & dès qu'on a la certitude qu'une personne se masque, on doit s'en méfier, & conséquemment s'en détacher. Cet effort me coûteroit sans doute, mais si tu t'étois montré sous des traits imposteurs, je ne te verrois plus. Ah! Léda, chere amante! si je n'ai pas d'autre crainte à ressentir, nous nous aimerons toujours, & nous serons heureux. Je ne fais point de serment, on ne les emploie que pour mieux tromper, mais je puis t'assurer que mon caractere est semblable au tien, & cette conformité dans nos goûts, ainsi que dans nos inclinations, doit nous être un témoignage certain que nous ne gémirons jamais du nœud qui doit nous unir. Nous nous parlions avec tant de chaleur, nous nous occupions tellement de nousmêmes, que Vaugrenand étoit revenu près de nous, sans nous en être apperçu. Il avoit marqué trop de déférence aux personnes qu'il étoit allé saluer, pour ne pas les croire très-recommandables, & je le priai d'éclaircir mes doutes. Il m'apprit que je ne me trompois pas, & que ces deux personnages (1) s'étoient rendus aussi célebres

par

---

(1) Messieurs, l'Abbé Mann & de Launay.

par leur érudition qu'utiles par leurs talens. Ils font Membres d'une Académie qui s'est déja assez distinguée pour ne persuader que très-difficilement qu'elle sort du berceau. On y remarque sur-tout, le Directeur [1] & le Secrétaire [2] Perpétuel que suivent de trop près Mrs. de Nelis [3] & Cauffin [4] pour ne pas les atteindre. Le choix des autres Membres prouve trop évidemment leurs mérites, pour avoir besoin de panégyristes. Après que mon ami eut parlé, Léda, en me regardant d'un air fin, me dit avec un rire malin, pensez-vous actuel-

---

(1) Mr. l'abbé Tourneville de Needham, membre de plusieurs Académies. Il suffit de savoir que Son Excellence le Comte de Neni ne l'a attiré à Bruxelles que pour donner à cette ville une nouvelle marque de sa bienfaisance en lui faisant un tel cadeau.

(2) M. des Roches. Les prix qu'il a remporté font de cet académicien un éloge peu suspect. Sa place, ses emplois n'en font pas un moins flatteur : ses Mémoires, qui sont en grand nombre, sont écrits avec autant d'érudition que de force.

(3) Les ouvrages de ce savant font assez connoitre, qu'on peut le placer avec justice parmi les meilleurs écrivains.

(4) Les talens de cet abbé érudit se sont assez développés dans la charge importante de Gouverneur des Pages, que feu le Duc Charles ne lui avoit confié, que parce qu'il en étoit réellement digne par son urbanité & ses mœurs douces, autant que par ses capacités.

D

lement que ce que je viens d'entendre ne foit pas auſſi agréable que des déclarations Céladines (1)? Comme je craignois d'engager une converſation indiſcrete en relevant cette ſaillie, je me contentai de lui répondre que je n'étois pas moins ſatisfait qu'elle de ce que mon ami nous avoit raconté, que quant aux déclarations Céladines, je ne pouvois pas les apprécier, parce que je ne les connoiſſois pas, & que je m'en rapportois parfaitement à elle, à qui ſans doute on en avoit beaucoup faites. Plus que je n'en veux déſormais en écouter, me dit-elle d'un air obligeant. Cette attention délicate à me raſſurer fut payée d'un regard où toute ma reconnoiſſance ſe peignit, & le ſoir venant encore nous chaſſer, nous nous retirâmes avec promeſſe de nous rejoindre le lendemain. Je conduiſis Léda chez une de ſes amies où

---

(1) Le Dictionnaire de l'Académie dit de quelqu'un à beaux ſentimens, en matiere de galanterie, que c'eſt un Céladon. D'après lui j'ai cru pouvoir m'en ſervir adjectivement; pour exprimer la même choſe, c'eſt-à-dire pour répandre plus de ridicule ſur ceux qui jouent les beaux ſentimens dans les déclarations qu'ils font aux femmes. Aſſurément s'ils croyent ſéduire avec un tel langage, ils ſe trompent. Généralement les femmes aiment les ſoins, les égards, les complaiſances, &c. mais elles n'aiment ni les fadeurs ni les langueurs. Il eſt même plus ordi-

elle foupoit. Tu vas t'amufer Léda, oui, chacun à l'envi voudra te procurer de l'agrément : la gaité qui doit regner à table, te prêteras encore des charmes, & tu plairas, tandis que ton amant loin de toi, va fe livrer au tourment de l'incertitude. Faffe le Dieu qui préfide à notre amour, que ce foit le feul que j'éprouve ! dois-tu en craindre d'autres ? dois-tu même t'y livrer ? me répondit Léda ; ta crainte, fans doute eft obligeante ; elle prouve beaucoup d'amour ; mais en m'apprenant que tu crains de me perdre, tu m'apprends auffi que tu me crois capable de changer, & cette idée m'afflige. Faut-il te réiterer l'aveu que je t'ai déja fait ; ne fais-tu pas que tu m'es cher en effet, & pourquoi te le cacherai-je, quand je ne puis me le cacher à moi-même ? lorfque l'amour regne une fois dans un cœur comme le mien, il y regne

---

naire de réuffir près d'elles en marquant moins d'empreffement que trop. Je crois cependant qu'il eft bien difficile de donner des préceptes en amour. Tout ce qui dépend du caprice, tient au hafard, & je penfe que c'eft le plus adroit qui eft le plus heureux. Si aimer eft un art, il n'eft plus un fentiment, & le bonheur qu'on tient de l'art eft bien peu ftable. Si aimer eft un fentiment, il ne faut pas plus d'art pour l'infpirer que pour le fentir, & fi l'on parvient à la félicité par le fentiment, on eft fûr d'être toujours heureux.

long-tems, il y regne toujours. Si je me suis trompé en te croyant digne de ma tendreſſe, crois que j'aurai plus à rougir de mon erreur qu'à gémir de mon égarement. Bon ſoir, Sinfeule, aime ton amante? mais aime-là ſans crainte, comme ſans déſir? ſi ma vertu s'offenſe de l'un, mon amour défend l'autre. En même tems elle me tend la main, ſur laquelle j'imprimai un baiſer, & après m'avoir réitéré les adieux les plus tendres, elle entra chez ſon amie.

CHANT IV.

Les promesses de mon amante ne me rassurent point; je passai la nuit la plus agitée, & je n'attendis qu'avec une impatience égale à mes craintes, l'heureux moment qui devoit les dissiper. Mes soupirs avoient dévancé les cris funebres des oiseaux de la nuit; l'horrible Phobétor (1) m'avoit glacé dans des songes effrayans. Il s'étoit montré sous la forme d'un énorme

---

(1) C'est le second fils du sommeil. Il apparoissoit sous la forme d'une bête sauvage, d'un oiseau, d'un serpent, ou de quelqu'autre animal capable d'inspirer la frayeur.

Voyez le Dictionnaire de la Fable.

Bien des personnes encore ajoutent foi aux ridicules idées que les anciens nous ont transmises sur les songes, dont la cause peut être attribuée à la mauvaise digestion, comme à l'inanition, ou aux idées qui nous ont fait le plus d'impression les jours précédens. Une autre cause qui ne prouve pas moins contre les suites d'un bon ou d'un mauvais songe; ce sont ceux que l'ont fait absolument étrangers à aucun objet connu. Pour se convaincre encore que la plupart des songes viennent d'une imagination frappée, il faut voir dormir un avare, un jaloux, un criminel, &c. Il est d'autres hommes qui sans dormir ne voyent que d'après leur imagination prévenue; tel est le trait que Helvetius rapporte dans son livre de l'esprit en parlant du Curé & de la Comtesse qui voyent dans la lune, celui-là des clochers, celle-ci un amant.

D iij

serpent, & levant sa tête altiere contre moi, je le voyois prêt à me percer de son dard meurtrier, quand un cri que je jettai, l'épouvanta à son tour & le fit enfuir. Il ne me laiſſa qu'une idée confuſe du danger que j'avois couru, mais mon imagination s'en étoit tellement frappée, qu'à mon réveil je me trouvai comme une perſonne qui ſort d'un précipice où elle a failli laiſſer la vie. Je ne fus pas plus tranquille les deux tiers du jour que je paſſai ſans voir Léda. Je portai par-tout mon ennui & ma crainte ; enfin, je ne me trouvai moins agité qu'au moment où j'allois la voir. Il arriva, & loin de me faire attendre, Léda me dévança au rendez-vous. Eſt-ce toi que j'ai tant deſirée ! viens rendre à mon ame inquiete, le calme & la paix ? Encore des ſoupçons, Sinſeule ? il faut que tu comptes bien ſur ma complaiſance, pour m'en montrer après ce que je t'ai dis hier ſoir ? mais je te les pardonne pour que tu ſois plus humilié de les avoir conçu. Ha ! Léda, ſi c'eſt ainſi que tu punis ton amant, il ſera ſouvent coupable ; tu te trompes encore, Sinſeule ; ma facilité, à cet égard-là, te guérira plutôt que tu ne penſes. Si je condamnois tes plaintes, tu les croirois fondées, & elles en deviendroient & plus fréquentes & plus aigres ; en les excuſant je les étouffe, & j'éloigne tout objet de diſcuſſion. En vérité, Léda, tu me confonds; non, tu n'es pas une femme ordinaire : Sinfeule, l'amour t'aveugle & te fait déraisonner; tu oublies que pour me dire quelque chose d'obligeant, tu insultes à tout mon sexe; cela est moins galand que tu ne penses, & je te préviens que tu ne me feras jamais ta cour, en me prisant pour humilier quelqu'autre : mais je te pardonne encore ; tout ce que tu dis est une suite de ton trouble nocturne, & pour achever de le dissiper, je vais t'apprendre que j'ai résolu notre union, & que je ne la differe qu'autant de temps qu'il nous en faut pour nous mieux connoître, & nous assurer par-là que nous ne nous exposerons pas à des repentirs trop cruels, pour ne pas nous les éviter. Le printems est le terme que j'ai choisis pour assurer ton bonheur & le mien. Cette saison, favorable aux desirs des amans, comblera les nôtres, si tu n'apportes aucun obstable à un projet qui doit me procurer antant de satisfaction qu'à toi.... Arrête, chere Léda? ne mêle point d'absinthe à l'ambroisie que tu m'offres? non, ne sois pas généreuse à demi? quand tu me donne des assurances si flatteuses d'un bonheur prochain, éloigne de ton amant toutes idées qui pourroient troubler la douceur de celles qu'il se fait de ta possession : moi! qui la desire avec ardeur, je pourrois retarder le plus beau moment de ma vie! ah! Léda, que tu

D iv

rends peu de juſtice à mon amour : que tu fais peu.... je fais trop qu'un eſprit prévenu jugé mal. Si j'avois la foibleſſe d'ajouter foi à tes expreſſions, je me croirois fans défaut, & je ne me corrigerois pas. Jamais un amant n'en voit dans l'objet qu'il aime, cependant il les réunit ſouvent tous : ils n'éclatent qu'à la lueur du flambeau de l'hymen; ſa clarté pénétrante perce à travers le bandeau de l'amour, & deſſile les yeux des époux qui, honteux de s'être ſi mal connus, rougiſſent d'abord de leur erreur, puis après s'en répentent. Je ne m'expoſerai point à ce malheur; non, je ne veux point que l'époux que je choiſirai ait à me reprocher de l'avoir trompé; je ne veux pas non plus être ſa dupe; je veux, avant de m'engager fans retour, qu'il connoiſſe mes défauts comme mes vertus. Mais ce ne ſeroit pas encore aſſez pour vivre dans l'union la plus intime : il faut qu'une femme ait le même avantage ſur ſon mari. C'eſt à toi, Sinfeule, à te laiſſer voir avec tous tes défauts, même avec tes vices. Si tu en a de préjugé comme d'habitude, ils feront bientôt détruits. J'attendrois en vain cette réforme de l'hymen, il ne fait jamais de telles faveurs; c'eſt à l'amour à t'en guérir : une amante peut corriger ſon amant, rarement une femme corrige ſon époux. Quoique moins ſacrés que ceux de l'hymen, l'amour donne cependant des droits plus révérés (1). C'est donc dans l'intervale que nous sommes soumis à ses loix que nous devons perdre les habitudes que des goûts particuliers nous ont fait contracter. Je sais que ne je dois point avoir de volonté que la tienne, & je te promets que tu n'auras jamais à te plaindre de mon indocilité, je pourrois adoucir le terme, mais

―――――――――――――

(1) Je ne suis pas surpris que la propriété soit si funeste à l'amour, & qu'elle en éteigne jusqu'au souvenir. Celles de qui on l'a tient, n'ayant d'autre mérite que celui de l'avoir procuré, ne peuvent pas se flatter de jouir long-temps des privileges qui y sont attachés. De telles femmes ne doivent jamais céder au desir de se marier, si elles veulent conserver les droits que leur donne l'amour. Ce sont elles sans doute qui ont donné tant de discrédit à l'hymen, & tant de pouvoir à l'amour. Cette échange n'est point avantageuse à la société; & ne fait pas même honneur à la probité d'un homme. Car enfin, telle qu'elle puisse être, une femme qui lui a confié tout ce qu'elle avoit de plus cher, doit au moins s'attendre à des procédés honnêtes. C'étoit à l'homme à étudier l'objet qu'il vouloit s'associer, & puisqu'il en a fait le choix, c'est parce qu'il a cru qu'il en étoit digne : ou c'est une injustice manifeste d'abuser de la confiance d'une femme qui ne s'est livrée que sur la foi des sermens, ou c'est une imprudence de sa part de s'être engagé si légérement. Dans le premier cas, c'est un tyran qui abuse du droit de plus fort; dans le second, c'est un indiscret qui ne doit pas se plaindre des peines qu'il s'est procuré, & qu'il ne peut même s'alléger que par la patience.

il est passé en usage, & c'est une autorité qu'on m'apprend tous les jours à respecter. Je me porterai à tout ce qui pourra te plaire, & te procurer des jours sereins. Oui, Sinfeule, crois que s'il est des ames que le devoir afflige! qu'il humilie! ce ne sera jamais celle de ton amante? l'amour & l'amitié me dicteront les miens, & je n'éprouverai que des douceurs à les remplir. Mais quand j'aurai fait humainemeet tout ce qu'il est possible de faire pour ta félicité, je crois devoir m'attendre à être heureuse aussi : c'est un retour trop légitime, & qui sera trop mérité pour ne pas me le promettre de ton amour, de ta reconnoissance, enfin de tous les sentimens qui affectent les ames sensibles & que je me plais à te croire.

Si j'ai pu t'entendre sans t'interrompre, ce n'a pas été sans t'admirer ; non, Léda, ce n'est pas en amant préveuu que je te parle ; je vais répondre à ta sincérité par toute ma confiance, & ce que je vais te dire, te prouvera si je t'en crois digne.

Depuis 15 ans je cherche le bonheur, mais vainement cherché depuis 15 ans, le bonheur est encore ignoré pour moi. Vingt fois j'ai cru le saisir, mais vingt fois il m'est échappé, & semblable au manan de la fable, à l'instant où je croyois tirer la colombe, une fourmie m'a piqué, & l'oiseau de Vénus s'est enfui. Soit mauvaise fortune, soit mal-adresse, je n'ai encore avec les femmes que l'idée du bonheur. Dupé par celles qui m'avoient atriré (1), trompé par celles qui m'avoit rebuté (2), j'étois devenu à mon tour méfiant avec les unes, & scélérat avec les autres. Juge, chere Léda, jusqu'à quel point l'exemple & le préjugé peuvent égarer. J'étois donc bien loin du but où je desirois parvenir : au con-

---

(1) La police la moins sévere, les loix les plus douces, pourroient, sans cesser de l'être, apporter plus de soin à réprimer les excès journaliers & pernicieux que les femmes publiques font commettre. La ruine des familles, la honte & l'infamie de ceux qui fréquente ces femmes, sont les moindres malheurs qu'elles causent. La destruction de la santé ; & l'éloignement pour le mariage, sont des suites plus funestes encore & qui proviennent des habitudes qu'on a avec elles. Combien de femmes vertueuses, sacrifiées à des coquines, gémissent des injustes préférences de leurs époux pour ces viles créatures!

(2) Il est une autre espece de femmes qui, perdues sans être aussi prostituées, ne sont pas moins dangereuses. Elles portent à la crédule jeunesse, des coups d'autant plus sûrs, qu'elle s'y attend moins. Dupe de leur pruderie, un jeune homme sans expérience ne se voit si cruellement trompé, que lorsqu'il ne peut plus, qu'avec des efforts au-dessus de son âge, arracher le trait qui l'a empoisonné. Libertines avec les hommes qui ne peuvent les épouser, elles jouent les vestales avec ceux qu'elles voudroient tromper. Il faut être bien imprudente pour s'exposer aux dangers d'être démasquée, après le crime consommé.

traire, plus je faifois d'efforts pour y atteindre, & plus je m'en éloignois. Célibataire forcé, je fentois un vuide affreux dans mon ame, à laquelle, pour être heureufe, je m'appercevois bien qu'il manquoit d'être pénétrée des fentimens qui la rempliffent aujourd'hui. La facilité des jouiffances, la crainte d'éprouver les accidens que je faifois effuyer, me retenoient dans une molle oifiveté, dans une indolence qui anéantiffoient infenfiblement dans mon cœur le germe des vertus, en y étouffant celui des paffions; car ce n'eft que par elles qu'on fe porte aux actions d'éclat (1). Oui, chere Léda, à préfent que je brûle d'un feu que

---

(1) Permis aux infenfés de déclamer fans ceffe contre les paffions. Ce que l'expérience nous apprend à ce fujet, c'eft que fans elles, il n'eft ni grand Artifte, ni grand Général, ni grand Miniftre, ni grand Poëte, ni grand Philofophe &c. C'eft que la philofophie, comme le prouve l'étymologie de ce mot, confifte dans l'amour & la recherche de la fageffe & de la vérité. Or, tout amour eft paffion. Ce font les paffions qui dans leurs travaux ont toujours foutenu les Newtons, les Lockes, les Bailes, &c. Leurs découvertes furent le prix de leurs méditations. Ces découvertes ont fuppofé une pourfuite vive, conftante, affidue de la vérité, & cette pourfuite une paffion. On n'eft point Philofophe, lorfqu'indifférent au menfonge ou à la vérité, on fe livre à cette apathie & à ce repos prétendus philofophique qui retient l'ame dans l'engourdiffe-

tes vertus ont allumé, le defir de te plaire, eſt capable de me porter aux plus grandes choſes, pour paroître plus digne de toi. Par exemple, ſi ma patrie demandoit mon ſang pour la défendre ou pour la venger; il couleroit Léda, & ſi en périſſant j'emportois un regret dans la nuit du tombeau, ce ne feroit pas la perte du bonheur que tu m'a promis, ce feroit la crainte qu'un autre ne fît pas pour te rendre heureuſe, tout ce que tu me verra faire : j'ai peu de fortune, mais, pour ſauver une famille honnête & indigente des horreurs de la miſere, s'il falloit ce qu'un deſtin trop rigoureux m'a laiſſé, ou plutôt ce que l'injuſtice des hommes n'a pu me ravir, eh bien! Léda, ton amant ne balanceroit pas à ſe dépouiller, il ne conſerveroit que l'eſpoir de t'en être plus cher : oui, chere amante, voilà ce que produiroit l'amour que tu m'as

---

ment, & retarde ſa marche vers la vérité. Que cet état ſoit doux, qu'on s'y trouve à l'abri de l'envie & de la fureur des bigots, & qu'en conſéquence, *le pareſſeux ſe diſe prudent* ; ſoit, *mais qu'il ne ſe diſe pas Philoſophe*. Quelle eſt la ſociété la plus dangereuſe pour la jeuneſſe? celle de ces hommes prudens, diſcrets, & d'autant plus ſûrs d'étouffer dans l'adoleſcent tout genre d'émulation, qu'ils lui montrent dans l'ignorance, un abri contre la perſécution, par conféquent le bonheur dans l'inaction; Helvétius, tom ler. de l'homme.

inspiré. Connois maintenant le cœur où tu regnes, & sache enfin tout ce que tu dois te promettre de sa tendresse. Tant qu'un amour vertueux ne nous possede point, on s'abandonne à des desirs fougueux qu'on ne peut jamais assouvir. Ainsi qu'un flot est chassé par un autre qui disparût à son tour sous un troisieme, de même le desir dans le cœur de l'homme succede au desir; insensé qu'il est! il ne voit pas que c'est un hydre renaissant qu'il combat envain. En effet, plus on en satisfait, & plus on en a, & si l'en calculoit bien ce qu'il en coûte pour se procurer par un crime, une satistisfaction éphémere, on seroit bientôt convaincu que les plaisirs qu'elle a donné, n'ont point dédommagé des remords qu'elle a laissé. Et après tout faut-il donc tant d'efforts pour se priver? Combien n'en fait pas l'armateur avide pour se procurer les productions du nouveau monde? de quels soucis ne se voit-il pas tourmenté, quand les vents déchaînés, s'opposent constamment au retour de ses vaisseaux? à quelle douleur n'est-il pas en proie, lorsqu'ils sont devenus celle des ennemis de sa nation; ou lorsqu'une mer furieuse exige avec des mugissemens affreux, le tribut qu'elle a à peine englouti, qu'elle s'appaise & ramene, parmi l'équipage, avec un calme heureux, l'espoir qu'il avoit perdu? Combien n'en fait pas un avare pour amasser l'or qui est devenu l'objet unique d'une paſſion d'autant plus pernicieuſe, qu'elle engourdit ſa ſenſibilité, & rend mépriſable à ſes yeux, l'honnête indigent qu'elle devroit ſecourir ? & combien enfin n'en fait-on pas dans tous les états ; à la Cour, pour s'y maintenir contre les brigues ; à la Ville, pour y parvenir, & dans les campagnes, pour en adoucir les travaux pénibles : il en coûteroit moins à l'intriguant pour être vertueux, qu'il ne lui en coûte pour perdre des citoyens généreux, dont le malheur ne rend que le ſien plus inévitable : il en coûteroit moins à l'Egoïſte débauché pour vivre avec une femme eſtimable, qu'il ne lui en coûte pour ſéduire de jeunes perſonnes auxquelles il ouvre le vaſte champ des crimes, & qui doivent encore s'eſtimer très-heureuſes, quand elles ne ſont que les victimes du remord : il en coûteroit moins au libertin dépravé pour être vertueux, qu'il ne lui en coûte pour ruiner avec lui vingt familles déſolées, dont les plaintes ameres publient la ſcélérateſſe, & le rendent par-tout un objet odieux. Voilà les dangers dont ton amour me ſauve ; non-ſeulement tu m'enleve au malheur, & peut-être à l'ignominie ; mais encore tu me promet le bonheur que j'ai ſi long-temps deſiré, & pour lequel enfin, je ne me croyois pas né. C'eſt à toi à juger de ma reconnoiſſance par l'importance des obligations que je t'aurai ; je te laisse la maîtresse de l'apprécier, me réservant toujours de te convaincre & de son étendue, & de sa sincérité, si je m'apperçois que tu doutes de l'excès où je la porterai.

Sinfeule, si tu n'es pas un de ces hommes (1) qui n'ont de probité que dans la conversation, d'honnêteté que dans les manieres, de vérité que dans l'expression; si tu ne te fais pas un jeu de la sincérité, de la bonne foi & des mœurs; si tu es vraiment pénétré de toutes les vertus que tu viens de manifester, je ne connois pas de mortel plus estimable que toi; mais, Sinfeule! d'où te viendroit tant de sagesse?

Pardonne

―――――――――――――――――――――

(1) L'Observateur François à Londres a fait le portrait d'un de ces hommes si dangereux. Il les peint d'après nature. Ils sont, dit-il, doué d'un esprit étendu, d'une imagination vive & ardente : remuants, audacieux ; leur ame, décidée & hardie, n'est remplie que d'ambition. Toujours maîtres d'eux-mêmes, ils sont difficiles à pénétrer, & c'est ce qui les rend d'autant plus à craindre. Ils ont les mœurs douces, les manieres prévenantes ; leurs discours sont séduisans, pleins de candeur & d'aménité. La langue de la probité, de l'honneur, de la vertu & du sentiment leur est tellement familiere, qu'on ne peut se dispenser de prendre en eux la plus grande confiance. Enfin, personne ne possede mieux qu'eux l'art de séduire, de toucher & de convaincre. Des hommes d'une telle trempe, sont capables de toutes les entreprises.

Pardonne si je te montre des soupçons à mon tour ; c'est que la conduite que tu te propose est un prodige, & peut-on y croire aujourd'hui ! je sais, chere Léda, que la plupart des hommes du jour, n'ont donné que trop de crédit à tes soupçons ; je sais que rien n'est plus ordinaire que d'en rencontrer qui, sous des dehors séduisans, cachent les cœurs les plus monstrueux, auxquels la naissance ou la fortune, & souvent tous deux, ne procurent que trop de facilité à satisfaire leurs inclinations perverses ; mais ces mêmes hommes ne sont souvent aussi méchans, que parce qu'ils peuvent l'être impunément. Tant qu'ils n'ont que des destins prosperes, ils n'ont que des motifs de jouir ; mais s'ils viennent à éprouver des revers, c'est alors qu'ils sentent toute l'horreur de leur conduite ; leur insolence devient humilité ; leur brutalité, douceur ; leurs emportemens, patience ; oui, Léda, c'est alors qu'ils tombent dans la dépendance que leurs yeux se dessilent, & que se reconnoissant dans les fideles copies dont ils ont été les originaux, ils rougissent de leurs erreurs, & rendent graces au malheur qui les rend à l'humanité. Tu as donc été malheureux, Sinfeule ? Oui Léda, & je le serois encore sans toi. Mais je ne m'en souviendrai plus que pour être plus en garde contre l'occasion, & pour t'assurer que je l'éviterai, ou que j'y résisterai. Mes malheur

E.

ont fait d'autant plus d'impreffion fur mon ame humiliée, que je les ai prefque tous mérités, & les remords qu'ils m'ont laiffés, te répondent de la folidité des vertus qu'ils m'ont données. Encore une queftion, Sinfeule, & nous tirerons le rideau fur des tableaux qui doivent difparoître près des riantes perfpectives que l'amour va nous deffiner. Dis-moi, je te prie, ce que tu entends par dépendance? Quand un libertin a diffipé dans des dépenfes ruineufes des capitaux plus ou moins confidérables, il eft abandonné, fans fecours & fans autre reffource que celle de fes talens, s'il en a, & il devient alors à la merci de celui qui veut bien les employer. C'eft-là qu'il reçoit des leçons utiles, & fi dans fon cœur corrompu le germe des vices n'a pas étouffé celui de l'honneur, il fe fait bientôt fentir dans fon ame oppreffée. Les humiliations inféparables de fon état, & même néceffaires pour le ramener plus vîte, lui arrachent d'abord les larmes du défefpoir auxquelles fuccedent des réflexions dont le premier avantage eft de l'éclairer fur fes égaremens : la connoiffance de fes torts ne peut que le mener au repentir, & le moment où il en eft le plus vivement pénétré, eft celui où il fait le premier pas vers la vertu. De nouvelles humiliations font couler de nouvelles larmes, mais alors ce font celles du fentiment ; & loin d'en murmurer, il doit favoir un gré infini à celui qui l'affermit dans le sentier des vertus. Humble sans bassesse, modeste sans stupidité, honnête sans prétention, il doit être prévenant par devoir, laborieux par état, & reconnoissant par goût. Il sait trop que l'oisiveté l'a perdu, il faut donc que le travail le rende à la société, dont ses mœurs dépravées l'avoient exclu. Une assiduité sans relâche, une âpreté même pour l'occupation doivent achever de bannir de son esprit les restes chancelans de la dissipation, enfin rendu à lui-même, il ne doit plus écouter que la voix de l'honneur, qu'il a trop méconnu, qui ne permettant à son cœur d'autres passions que celles qu'il peut avouer, lui rendra les vertus aussi familieres que s'il les avoit toujours pratiquées. Dès qu'une fois il est parvenu à s'estimer lui-même, il est sûr de l'être bientôt des autres, & ce changement, qui t'étonne, est enfin opéré. Maintenant je te connois, Sinfeule, ce dernier trait fixe mon ame incertaine, & dès demain tu serois mon époux, si je ne m'étois pas aussi profondément pénétrée de ces deux beaux vers d'Héloïse à Abaillard.

,, Du crime au repentir, un long chemin nous mene,
,, Du repentir au crime, un court espace entraîne.

Non que je doute encore de la solidité de

tes promesses, mais parce que toi-même tu dois être aussi délicat que moi, & que tu dois desirer les mêmes certitudes pour assurer ton bonheur. Celui que tu me promets est bien flatteur, Léda, & crois que j'y suis sensible autant que je dois l'être; si je ne t'en parois pas enivré, ne pense pas que j'en suis moins satisfait. L'idée des malheurs dont je viens de t'entretenir, me rappelle ceux que j'ai éprouvé; non que j'en craigne encore du sein de l'erreur, mais ils peuvent sortir de celui de l'injustice, & m'en accabler plus cruellement. Quelque soit ton sort, Léda le partagera. Je compte pour rien la fortune que je t'offre; tu trouveras dans mon cœur des ressources inépuisables; née sensible, ton amante saura t'adoucir les désagrémens inséparables de la condition humaine : mon sein te sera toujours ouvert, & tu pourras y verser les larmes de la douleur, comme celles du plaisir; en soulageant les unes, elles seront moins ameres, en partageant les autres, elles seront plus douces : oui, Sinfeule, oui mon ami, en confiant tes peines à ton épouse, son amitié, en les plaignant, te les allégera. Tout chagrin partagé en est moins cuisant. Non, Sinfeule, non, cher amant, ton épouse fidele n'aura pas même un desir qui ne soit pour toi, ou dont ta délicatesse puisse être blessée, compagne chérie d'un époux adoré, je deviendrai ton ombre par-tout où elle ne t'offusquera pas. Eh! où pourroit-elle ne m'être pas agréable? Léda ne me fera-t-elle pas également chere partout? & par tout ne fera-t-elle pas honneur à mon choix? ne crains pas que l'habitude de jouir, me rende ta jouissance moins desirable. Ce n'est pas parce que nous sommes unis par l'inclination, que nous ferons toujours heureux, mais parce que cette inclination est raisonnée, & qu'elle a pour base une estime & une confiance réciproque : assortis par le caractere & par la conformité de nos humeurs, nous n'aurons jamais à contrarier nos goûts, puisqu'ils seront toujours les mêmes, & nous donnerons à notre siecle léger, l'expression est douce, un nouvel exemple de l'amour que Baucis [1] & Philemon se portoient mutuellement. Sans d'autre ambition que celle de nous plaire, sans d'autre desir que celui de nous aimer toujours, ainsi que ces époux fideles, nous ne demanderons aux

---

(1) Baucis & Philemon vivoient dans une cabane de la Phrygie. Jupiter & Mercure, égarés dans cette Contrée, sans le secours de ces époux généreux, auroient été contraints de coucher à l'injure de l'air, car tous les bergers du canton leur avoient refusé l'hospitalité : pour les en punir, Jupiter les noya tous, & leurs cabanes furent submergées, à l'exception de celle de leurs hôtes charitables qui étoit devenu un temple. Jupiter leur demanda ce qu'ils souhaitoient

Dieux d'autre bonheur que celui de mourir ensemble. Puissent ils entendre nos vœux & les exaucer ! puisse l'hymenée, bénissant nos productions, ne nous donner que des enfans dociles, afin que nous n'éprouvions pas les désagrémens que l'Hélicon [1] essuye aujourd'hui, qui, pour avoir gâté un de ses nourrissons, vient de le perdre sans retour, du moins on le craint. Ah ! Sinseule, peux-tu penser que tes enfans ne soient pas heureux, quand notre exemple, leçon si utile & si efficace, ne leur apprendra que tout ce qui contribue au bonheur. Je n'ai pas les mêmes craintes que toi, & je suis persuadé que si nous sommes vertueux, nos enfans le seront aussi. Mais, dis-moi, Sinseule, quel est le nourrisson que l'Hélicon regrette ? Pourquoi l'a-t-elle perdu ? Il est aisé de te satisfaire, & je vais t'en racon-

---

pour leur récompense ; tout est périssable, lui dirent ces époux prudens, & les biens de la fortune, comme les avantages de la naissance, se perdent dans la poussiere qui les anéantit avec ceux qui les possédoient. Les seules actions vertueuses résistent au temps, destructeur impitoyable, & se portent d'âge en âge. Il faut donc laisser à nos petits neveux un exemple utile, en conséquence nous demandons aux Dieux qu'il nous soit permis de les servir dans ce temple, de nous aimer toujours, & de mourir ensemble.

(1) L'hélicon est une montagne de la Béotie où ont vécu les neuf MUSES. Voyez les Métamorphoses d'Ovide pour les deux articles.

ter l'histoire en trente lignes. Tungile reçu le jour où Talon le perdit. Ses parens feconderent l'inclination qu'il montra pour l'étude, & ses progrès ayant répondu à leurs vues, ils le consacrerent à Thémis. Bientôt ses talens lui attirerent des admirateurs, & conséquemment des envieux, qu'il méprisa trop. Avec moins de succès, Tungile auroit pu devenir un orateur estimable; mais ils enflerent sa vanité, & lui firent négliger les qualités du cœur. C'est un trèsgrand tort, sur-tout dans un homme de lettres, de ne pas se persuader que le plus grand génie ne le dédommagera jamais de l'estime publique. Malheureusement Tungile ne s'est pas assez pénétré de cette vérité, de sorte que si Chevrier vivoit encore, il pourroit, avec plus de raison, lui appliquer le vers qu'il mis au bas du portrait du célebre Poëte dont il l'avoit tiré.

J'ai des admirateurs, & n'ai pas un ami.

Où Tungile étoit mal constitué, ou dans sa jeunesse on lui avoit donné trop d'acide; car il avoit tellement l'humeur âcre & maligne, que tout le thé qu'il a dû boire pendant une olympiade dans l'Albion & les pays voisins, n'a pas pu lui adoucir. Sa patrie, en mere tendre, mais pénétrante, voyant que le changement d'air n'opéroit pas celui qu'elle desiroit dans son tempérament, après avoir consulté la premiere faculté de l'empire, vient de lui ordonner la retraite & la tifanne de patience. Cë qui l'a obligé de prendre un parti fi violent, c'eft qu'elle a craint que fa maladie, en devenant incurable, ne devint contagieufe; de forte qu'elle a fuivi la maxime d'Hippocrate, aux grands maux, les grands remedes : ce n'eft pas cependant qu'on efpere beaucoup de l'hémétique qu'on vient de lui adminiftrer. Auffi fa nourrice peu fatisfaite de ce régime, & craignant, avec raifon, de ne plus revoir fon cher poupon, quitte la béotie, & malgré la pefanteur de fa marche, en preffe la lenteur vers cette ifle floriffante, où jadis un prince, meilleur guerrier que bon parent, affermit les fondemens de l'Empire François. Cette bonne nourrice fonde fon efpoir fur la clémence du Souverain qui regne aujourd'hui fur cet Empire; mais c'eft en vain; elle ne doit pas ignorer que Thémis le guide, & que Minerve l'infpire, & que conféquemment il ne permettra pas qu'on le lui rende tel qu'il eft. Si elle m'avoit confulté, je lui aurois épargné les fatigues d'une route auffi pénible en lui apprenant que ce Monarque aime, à la vérité, tous fes enfans, mais d'une tendreffe éclairée, & qu'il ne veut pas qu'on lui reproche un jour d'avoir négligé leur éducation. C'eft pourquoi il punit Tungile avec plus de juftice que de févérité, afin que cet exemple inftruife les autres à devenir meilleurs. Je n'avois pas achevé l'histoire de Tungile, que mon ami arriva, en nous faisant mille excuses de s'être fait attendre si long-temps. En vérité, lui dis-je, c'est nous-mêmes qui vous en devons, d'avoir si peu songé à vous, car je vous assurerai bonnement que votre abscence ne nous a pas ennuyé. Nous sommes assez bien ensemble pour ne pas craindre que vous vous offensiez d'une vérité aussi constante. Nous vous voyons cependant avec beaucoup de plaisir, & nous acheverons la promenade ensemble. Mademoiselle n'est peut-être pas du même avis que vous, & comme il est possible qu'elle ait encore quelque chose de très-intéressant à vous communiquer, je vais me retirer. Non M. lui dit Léda, vous avez parlé trop obligeamment de mon pays, pour n'avoir pas moins de plaisir à vous entendre aujourd'hui qu'hier, & quel que pressant que vous supposiez le desir que j'ai de m'entretenir avec M. Sinfeule, il m'en coûtera toujours moins pour y résister, quand ce sera vous, M. qui vous opposerez à cette satisfaction. On ne peut rien de plus honnête que ce que vous me faite la grace de me dire, Mademoiselle, & pour vous témoigner combien j'en suis flatté, je ne laisserai échapper aucune occasion de vous convaincre de ma juste reconnoissance. Nous passions précisément devant un cercle de personnes charmantes, & il prit ce moment pour tenir parole à Léda qui lui demandoit ce qu'il pensoit des sociétés de Bruxelles. En vérité, Mademoiselle, on ne peut rien de plus agréable; je ne suis pas absolument répandu, mais je crois pouvoir juger du général par le particulier, sans craindre de donner à gauche à cet égard-là. Car il n'en est pas des sociétés comme des systêmes; chacun veut en avoir un à soi, au lieu que dans la société, il n'est qu'un usage, & celui qu'on a adopté ici, est, on ne peut pas plus agréable.

Vous en conclurez donc, Monsieur, que Bruxelles est un séjour charmant (1). Quand

_____

(1) L'Observateur François à Amsterdam, dit, en parlant de Bruxelles, qu'on ne peut le comparer ni à Paris, ni à Londres, ni même à Amsterdam; mais cependant que c'est un séjour très-agréable pour quiconque a renoncé aux plaisirs bruyans de la grande société, & qui leur préfere ceux de l'esprit & du cœur. Bruxelles à tous les agrémens des grandes Villes, sans en avoir les incommodités; on peut y cultiver comme à Paris & à Londres, les Arts & les Sciences; ils y sont protégés & encouragés : les grands & les gens en place les aiment : plusieurs même les cultivent : de ce nombre sont le Prince de Ligne, le Comte de Neni, le Marquis du Chasteler; le Prince de Stharemberg les protegent : l'un & l'autre accueillent les gens de lettres, les savans & les artistes, non comme la plupart de nos grands, par vanité, mais par goût.

je n'aurois pas autant de raiſon de m'en louer, votre connoiſſance ſeule, Mademoiſelle, ſeroit bien capable de m'en donner la plus haute idée; & ſi je ne me trompe, je penſe que notre ami Sinfeule ne vous rend pas moins de juſtice. Je ſens toute la fineſſe du reproche que vous me faites, lui dis-je, mais mon ami la poire n'étoit pas encore mûre, & je ne pouvois pas vous faire une confidence qu'on vient de me faire à l'inſtant. En vérité, Mrs., pour des François, vous êtes bien mal-adroits; comment vous ne craignez pas de montrer de la curioſité & de l'indiſcrétion devant une femme? Il faut que vous me croyiez l'un & l'autre bien généreuſe, pour ne pas tirer parti de l'occaſion que vous m'offrez de venger mon ſexe à qui vous prêtez fort libéralement les deux défauts. Mais je veux bien oublier vos torts, & ſi je pardonne Sinfeule par inclination, je dois vous faire grace par reconnoiſſance. Cependant avec vous, Monſieur, je ne ſerai généreuſe qu'à demi, car je mets une condition à votre perdon; c'eſt que maintenant que vous avez parlé avec tant d'avantage de nos ſociétés; il faut que vous m'appreniez ce que vous penſez de la Nobleſſe de notre pays; en ce cas-là, Mademoiſelle, je crains d'encourir encore long-temps votre diſgrace, car il ne m'a pas encore été permis de pénétrer dans ſon ſanctuaire, & je ne faurois en parler pertinemment. Comme jufqu'à préfent je n'ai rien dis qui ne fut conforme à la plus exacte vérité, je craindrois, dans cette occafion, de ne pas rendre la même juftice à un corps trop refpectable, pour n'en pas parler avec beaucoup de précifion ; car je ne fuis pas de ceux qui parle de la naiffance, comme un poltron parle de l'honneur, ou comme les ignorans parlent des Académies & des Sciences. Cependant à en juger par la voix du peuple (1), il n'y a pas de nobleffe plus aimée que la vôtre ; & ce moyen en vaut bien un autre pour décider de fon mérite, parce que le peuple ne s'affectionne

---

(1) Le peuple eft admirable pour choifir ceux à qui il doit confier fon autorité. Il n'a à fe déterminer que par des chofes qu'il ne peut ignorer, & des faits qui tombent fous les fens. Il fait très-bien qu'un homme a été fouvent à la guerre, qu'il y a eu tels & tels fuccès, il eft donc très-capable d'élire un général. Il fait qu'un juge eft affidu, que beaucoup de gens fe retirent de fon tribunal contens de lui, qu'on ne l'a pas convaincu de corruption ; en voilà affez pour qu'il élife un préteur. Il a été frappé de la magnificence ou des richeffes d'un citoyen ; cela fuffit pour qu'il puiffe choifir un édile. Si l'on pouvoit douter de la capacité naturelle qu'a le peuple pour difcerner le mérite, il n'y auroit qu'à jetter les yeux fur cette fuite continuelle de choix étonnans que firent les Athéniens & les Romains ; ce qu'on n'attribuera pas fans doute au hafard. Montefquieu.

que pour les ames généreuses, & qu'il est plus éclairé dans son attachement qu'on ne le présume. Nous pouvons donc conclure que les vertus morales sont très-familieres à toute votre noblesse ; quant à celles qui concernent la patrie, & qui caractérisent l'homme de l'état, il suffit d'ouvrir l'histoire pour être convaincu que dans les camps, comme dans les emplois civils, ils ont toujours montré un zele infatigable, & un attachement inviolable pour leurs Souverains, & que l'estime & la confiance dont ils en ont été honorés, sont aussi mérités que l'amour du peuple.

En vérité, vous êtes un homme admirable ; non-seulement je vous fais grace entiere, lui dit Léda, mais je payerois encore bien volontiers votre complaisance d'un baiser, si j'osois vous le donner ici. Oh ! je vous promets, Mademoiselle, que je n'oublierai pas la dette que vous contractez avec moi, je prierai l'ami Sinfeule de me présenter chez vous, & dès la premiere visite, je ne vous ferai pas de quartier. Je verrai toujours avec beaucoup de plaisir, les amis de M. de Sinfeule, la maniere dont ils seront accueillis, lui prouvera le cas que j'en fais. Ce que vous dites l'un & l'autre est charmant, mais, moi Léda, qui ne tarirois pas sur les choses intéressantes que j'ai à te dire, & qui cependant a dû contraindre l'amour le plus tendre, au silence le plus rigoureux, est-ce qu'un tel effort n'est pas assez généreux pour être également récompensé ? Si je n'étois pas aussi persuadé que tu m'aimes, Sinfeule, ce trait seule d'enfance me le persuaderoit ; car tu sais que l'amour est un enfant. Quoi, parce que je promets un baiser à ton ami, il t'en faut un ? Eh bien ! pour te prouver que je suis plus généreuse que toi, je veux t'en donner mille.

Nous terminâmes-là notre promenade, parce que l'heure de la finir étoit venue ; & nous nous en retournâmes ensemble.

Presque tous les jours, que le temps l'a permis, nous nous sommes vus dans cet agréable jardin où nous nous verrions encore, si la saison le permettoit. Mais les horreurs de l'hiver vont bientôt en bannir les agrémens de l'été ; & déja le souffle impétueux des aquilons leur a fait perdre une partie des charmes que Zéphyr leur prêtoit : déja les arbres dépouillés de leurs tendres parures, annoncent leur nudité par des sifflemens horribles. Enfin leurs dépouilles jaunissantes, victimes des premiers frimats, n'offrent plus aux yeux attristés que les restes d'une beauté trop passagere. Mais pourvu que nous nous voyions avec Léda, qu'importe où : l'amour sait tout embellir, & il nous trouvera des charmes où les cœurs indifférens n'éprouve que de l'ennui.

FIN.

www.ingramcontent.com/pod-product-compliance
Lightning Source LLC
LaVergne TN
LVHW052059090426
835512LV00036B/1501